读懂孩子心的沟通术

程瑞鹏◎著

长江出版社
CHANGJIANGPRESS

图书在版编目（CIP）数据

读懂孩子心的沟通术 / 程瑞鹏著.
— 武汉 : 长江出版社, 2022.5
ISBN 978-7-5492-8232-6

Ⅰ. ①读… Ⅱ. ①程… Ⅲ. ①亲子关系—家庭教育
Ⅳ. ①G78

中国版本图书馆CIP数据核字（2022）第043321号

读懂孩子心的沟通术 / 程瑞鹏 著

出　　版 长江出版社
（武汉市解放大道1863号　邮政编码：430010）
选题策划 天河世纪
市场发行 长江出版社发行部
网　　址 http://www.cjpress.com.cn
责任编辑 李　恒
印　　刷 香河县闻泰印刷包装有限公司
版　　次 2022年5月第1版
印　　次 2022年5月第1次印刷
开　　本 880 mm×1230mm　1/32
印　　张 8.25
字　　数 200千字
书　　号 ISBN 978-7-5492-8232-6
定　　价 49.80元

序言：多数的亲子矛盾，都源于错误的沟通方式

或许很多家长都有这样的感受——“原来孩子挺乖巧懂事的，跟我们关系一直都不错；可是突然间，好像跟父母有仇似的，见到我们就恨不得躲起来，一回到家就把自己关起来。感觉孩子越长大越不愿意跟我们聊天，问什么也爱搭不理，在外面却跟别人聊得火热。”

其实，这就是亲子沟通上出了问题——父母不能获得或者准确掌握关于孩子的真实信息，往往到孩子出了问题后还大为不解。

为什么孩子会躲着父母，不愿和父母沟通呢？

面对这个问题，有很大一部分家长把亲子沟通不畅的原因归咎到了孩子身上，并不觉得自己有什么问题。我曾在某亲子关系网站上，看到这样一个问题：成长的过程中是什么原因导致了孩子面对父母总是沉默和抗拒沟通？在问题下面留言讨论的很多，有几个人举的例子很具有典型性：

其一：我小时候没有太多零花钱，看着别人买东西很眼馋，就自己想方设法地省钱，存了好久，终于有一天拿着这笔钱买了一个自己渴望了很久的发卡。

回到家，我拿出发卡向妈妈分享我的喜悦。可妈妈第一句话却是：“你的钱从哪儿来的？”紧接着又说，“家里钱多你闲得没地方花是不是？”

后来又有几次类似的情况，慢慢地，我就再也不想跟妈妈分享这样的喜悦了。

其二：有一次考试我得了全班第三，那是我第一次考那么好，回到家就兴冲冲地将试卷拿给爸爸看，并且很高兴地告诉他我得了第三名。

本以为得到的会是夸奖，可爸爸却把脸一沉：“第三名有什么可炫耀的，你怎么不得一个第一第二啊，不知道跟好的比，就知道跟差的比！”

其实，我只是想要一个表扬而已，可爸爸的话无疑如一盆冷水把我所有的期待都浇灭了，从那之后，我就变得不想跟爸爸交流了，也越来越自卑软弱。

可能爸爸只是想让我别骄傲，但却不知道，对于一个孩子来说，那一句表扬有多重要。

其三：记得小时候，有一次有个同学说我父母的坏话，我就反驳他，呛着呛着两个人就打起来了。妈妈被老师叫到了学校，见到妈妈我本想跟妈妈解释是怎么回事，可还没开口，劈头盖脸的叫骂就上来了：“你怎么不学好呢？就你会打架，你能不能让我省点心呢？”

霎时间委屈和无助涌上我的心头，看着妈妈那气急败坏的样子，我真后悔是为她打的架，恨不得她不是我的妈妈。妈妈的反应也让我明白，很多事情我根本不需要告诉他们，因为他们根本不会听。

美国教育家泰曼·约翰逊曾说："成功的家教，造就成功的孩子，失败的家教，造就失败的孩子。"其实孩子身上的很多问题都能从父母身上找到源头，孩子的很多"谜团"都能从父母身上找到答案。亲子沟通这件事儿，同样如此。

孩子有事情不跟父母说，出了问题总是瞒着父母，与其说是孩子不想跟父母说，不愿意跟父母交流，不如说是孩子不信任父母，不敢告诉父母。

那，是什么导致的这种不信任和不敢呢？

我想大概就是想要分享喜悦时却被泼冷水，想要寻求安慰时却被视而不见，想要征求意见时却被无情强迫，想要倾诉委屈时却被冷嘲热讽。他们想要的并不多，只是一点来自父母的温暖和爱意而已。可我们的父母却是怎么做的呢？

是否经常给孩子否定、拒绝、打击甚至嘲讽，是否有不平等、不真诚、没耐心的回应、敷衍甚至忽视呢？

每个孩子在最初都是一个快乐的小天使，他们的世界很简单，简单到爸爸妈妈几乎就是他们的全世界。没有一个孩子生来就是不信任父母的，就是不愿意跟父母倾诉的，他们遇到困难、受了委屈、有了高兴事的时候，第一时间想到的往往就是父母，而父母如何回应就决定了孩子们以后再遇到类似的事情还会不会主动找父母倾诉。

孩子想说时，你总是不在意或变相拒绝，等到你想好好沟通时，他也就未必想说了。

可以说，很大程度上正是父母教育、沟通方式的不得当，让孩子对父母逐渐产生了芥蒂之心，进而变得沉默或将真实的自己伪装起来，所以有很多父母直到不好的情况发生，才知道自己所了解的、所看到的孩子并不是真实的孩子——他们将悲伤痛苦全都默默隐藏，等到承受不了时开始走向极端。

如何从父母的角度扭转亲子沟通不畅的局面，让孩子和父母实现真正畅快的有效沟通，预防孩子产生不健康的心理问题，建立真实亲密的亲子关系，正是我这本书所要阐述的重点内容。

我希望通过透彻分析日常生活中的点滴沟通问题，给家长们提供有益的思路和方法，让父母懂得如何更好地了解和保护自己的孩子，进而让他们健康、幸福地长大成人。

目录

第三章　降低期望，让孩子变得更优秀

第四章　多一份观察，少一份干预

第五章　让孩子控制情绪，更要让孩子正确发泄

第六章　化“危”为“机”，解决亲子关系“疑难杂症”

第七章　为成长赋能，激发孩子内在动力

第一章

真正的沟通，从一次倾听开始

仅仅会倾听并不能解决所有的亲子问题，但一切亲子问题的解决都必须是从倾听开始的。

倾听，是父母最应该拥有的姿态

我非常喜欢纪伯伦的那首诗：

你的儿女，其实并不是你的儿女，

他们是生命对于自身渴望而诞生的孩子。

他们虽然借助你来到这个世界，却并非因你而来。

他们和你非常亲密，却并不属于你。

你可以给予他们的是你的爱，却不是你的想法，

因为他们有自己的思想。

你可以庇护的是他们的身体，却不是他们的灵魂，

因为他们的灵魂属于明天，属于你做梦也无法到达的明天。

你可以拼尽全力，变得像他们一样，却不要让他们变得和你一样，

因为生命不会后退，也不停留在过去。

……

好像，在我们一贯的认知里，父母扮演的角色就应该是说教者，

因为父母成熟，能力更强，懂得更多，经历、经验也更丰富。

基于这样的观念，长久以来，家长们都太善于“说教”了，也太着急“说教”了。而这种“说教”不仅是观点表达，往往还夹带着许多无形的“命令”和“强迫”。

比方，孩子跟你说，我不喜欢这个节目，你却说，这个节目多有意思，而且很有知识性，对学习会有很大的帮助。

孩子不喜欢这个节目肯定是有原因的，比如他看不懂或者觉得情节都是老套路没意思，作为家长首先应该做的就是把这个原因弄清楚，最简单的方法就是倾听。但是，你却什么都不问，就直接将自己的想法和建议一股脑地抛给孩子，传达出来的信息就是，这个节目是你应该要看的，你不能这样抗拒。

因为父母的身份，孩子就理所当然会有一种被权威压迫的感觉，有的孩子或许会反抗：我就是不看，有的孩子可能会顺从，但心底里也是不情愿的。

如果父母很多事情都是这样处理的，长此以往，孩子就会对父母心生芥蒂，逐渐关闭自己的心门，越来越少地向父母吐露他们真实的想法。

表面上，可能他们看起来是顺从了，懂事了，听话了，实际上，内心却在积压着越来越多的不愿意、不甘心、不被理解。

很理解，父母迫切地想要把自己提炼出来的人生经验，所走弯路的教训传达给孩子，让孩子能更轻松地走好他的人生。

但有一个事实却是，孩子的生长环境和父母的时代背景其实是有很大不同的，父母依据自己以往经历所沉淀下来的经验，并不完全适用于孩子当下的处境。

并且，如果当孩子向父母陈述一件事情时，父母们过于相信自己的感受，而忽略了孩子的感受，就无异于直接告诉孩子："你闭嘴，我不想听你说，我根本不在乎你是怎么想的。"

父母们可以换位思考一下，倘若你站在孩子的位置，听到这样的话将会是什么样的感受？如果下一次再遇到类似的事情时，你还会表达你的真实想法吗？

所以，在亲子相处中，对于父母而言，相比于"说教"，更应该重视并学习的是"倾听"。

听孩子心底里的呼唤，听孩子对世界的理解，听孩子对生命的表达，那是一种复杂的声音，也是孩子最真实的声音。

只有听见了这种声音，你才能知道孩子想要的、所缺的、未满足的是什么，才能对症下药，用合适的方式告诉他——你想说的和他应该知道的。

好的教育没有标准，但是一定是以"理解孩子"为前提的。而只有认真倾听孩子的父母，才能真正地理解孩子，从而带给孩子他想要的和缺失的东西。

央视曾有一个纪实片，其中一个关于青春期叛逆男孩的故事让我记忆非常深刻。

男孩名叫家明，15岁，初中刚毕业。然而，此时的家明却打算辍学。

从家明爸爸的口中，我们得知了家明的现状：他已经两周没去上学了，黑白颠倒，整天晚上玩游戏，不仅如此，还常常自残。

在管教丝毫不起作用的情况下，家明的父母请来了“改造学校”的三名教官把家明“按住带走”。

但是，在记者的采访下，家明表露了自己真心：我觉得，我爸妈控制欲太强了。

他在镜头前暴风般哭泣：我16岁了，骑行骑得远一点都不让；我喜欢宠物，买回家就给丢出去；我的衣服、鞋子都是妈妈买，自己没一点发言权。这样的生活有什么意思？在他们的想法下活着，学习有什么用？

面对家明的哭诉，家明的爸爸却依旧坚持他的想法：我觉得我们还是管得太少了，否则他不会成为今天这样。

看完这个故事的人，都会觉得家明并不是一个坏小孩，相反，他是一个聪明机灵，非常善良的孩子，可悲的是，家明的父母却看不到孩子这样的一面。

家明的问题看似很严重：沉迷上网、自残、仇视父母，好像唯一的解决办法就是请专业的机构介入，但真是如此吗？

我想家长们其实已经有了自己的答案，家明和父母之间不可调和的矛盾，在最初其实只需要父母一次认真的沟通就能解决，是父母的一再拒绝倾听，导致了一个如此叛逆的家明。

家明的问题是显而易见的，而这样的问题少年还不是最可怕的，最可怕的是，孩子不让你看出来他有问题，实际上他的内心早已千疮百孔，直到某一天，在一丁点刺激下他选择了以一种极端的方式释放出来，你却还在一旁疑惑：“这是怎么回事啊？我的孩子一向乖巧听话，好好地怎么会做出这种事情呢？”

这时候，其实父母们该问问自己，你嘴里所说的孩子，是真的他吗？

近几年，中小学生出现严重心理问题甚至因此自残、跳楼的现象越来越普遍，面对于此，家长们总是会以“我的孩子聪明懂事、积极阳光、温暖有爱心……”这样的词语来形容自己的孩子，然而到了同学和朋友那里，却往往会有另一些字眼：人很好，但偶尔会有些消极；曾经说过想从楼上一跃而下；会有一点孤僻；有时候情绪不是很稳定……

原本，孩子的痛苦无助、委屈愤懑都应该最先向他们最亲近和最依赖的父母表达，但现实却恰恰相反，很多孩子宁可向同学、朋友甚至陌生人倾诉，也不想跟父母说。这是为什么呢？

最大的原因，就是父母不曾有过认真倾听的姿态，曾经孩子向他们诉说时，他们的反应让孩子觉得，下次再出现这样的事情，还是别让爸爸妈妈知道的好。

不久前，我浏览网页时，看到了这样一个问题：

女儿今年刚上大学，成绩不错得了奖学金，但她想用这笔钱买LV包包，我该怎么跟她说？

问题下面的大多数回答，核心都是好好和孩子沟通（一些沟通的技巧），让孩子树立正确的价值观。这些沟通技巧似乎是很有用，但总觉得少些什么，直到我看到了一个不一样的观点：

“如果是我，我什么都不想说，我只想听她说。”

“我想听她说，她为什么想买一个 LV 包包，是因为品牌，还是因为好看的图片，或者是羡慕别人买了……”

“我想听她说，她从什么时候喜欢上了 LV，心里默默地期待了多久。如果买的话，她会选择哪一款，为什么是这款。人生的第一个 LV 包包，她希望有什么特点，是百搭还是耐用……”

“我想知道，我的姑娘从什么时候变成了一个我不怎么了解的年轻人。”

“是的，我想听她说。”

作为一个成年人，看到这样的回答，回顾自己以往的经历，竟有种想哭的冲动，既有些可惜自己在那样的年纪里没有遇到这样的父母，也庆幸自己早早知道了这样的观念，可以用在教育自己的孩子身上。

就像回答者最后发出的那句感慨一样：“有时候我觉得，很多家长最大的问题，就是说得太多了，却从来不听。太想做一个家长，却忘了先把孩子当成一个人。”

是的，孩子首先是一个独立的个体，然后才是父母的子女、学生以及一系列其他社会角色。但父母却意识不到或常常忘了这一点，而习惯于将孩子当成自己的附属品。

在这样的前提下，倾听自然是不重要的，于是就产生了一种典型的交流模式：孩子自我个性的表达，往往被父母用各种教育的话硬生生堵住，背后的心声也就无法被听见。

缺少了这种倾听，再多的交流也是无济于事的，因为双方传达和接收的信息是错位的，于是，渐渐的，孩子就会意识到和父母沟通是无用的，也就会从心理上慢慢远离和屏蔽父母。可见，倾听的重要性。

但倾听，看起来简单，其实并非易事，尤其是对父母而言，给孩子建议、指导，帮他们解决问题，或者阻止孩子“不够成熟的冲动”，已经根深蒂固地成为父母的第一反应，而倾听就成了一种“反直觉”行为。

所以，父母学习倾听的第一步，就是将这种“反直觉”纠正过来，不断地告诉自己倾听很重要，在孩子向你诉说时，有意识地按捺住自己想要“说”的冲动，耐心听孩子说完。

其次，一定要摆出愿意倾听的姿态。倾听，不只是不出声听着就可以，有的家长会一心二用，一边听孩子说，一边忙着做别的事情，看着好像是在听，但行为举止表示的却是：我很忙，我没时间听你说。所以，父母亲能否放下手中的工作，带着关心的神情，专注地看看孩子，摆出愿意倾听的姿态也是非常关键的一点。

接纳并让孩子合理释放情绪。孩子的情绪不管是积极的还是消极的，都是天然且真实的，很多家长看到孩子的消极情绪，例如愤怒、生气时总是会采取“不认可”的态度并制止他们发泄出来，“乖孩子是不可以生气的”“当着这么多人的面哭丢不丢人”……这样只会让孩子无法客观地看待自己的情绪，也不懂得怎么释放，最后只会通过内耗的方式解决。

准确把握孩子传达的信息。由于各方面的原因，孩子和大人看待问题的角度总是不同的，父母要学会从孩子的视角去分析他所说的事情，比如你的女儿告诉你说，她班上有个女同学特别做作，很烦人。你的下意识反应可能会告诉女儿不能随便批评别人，但实际上，孩子可能想告诉你的是，她和这个女生之间发生过什么不好的事情，需要得到你的安慰。

仅仅会倾听并不能解决所有的亲子问题，但一切亲子问题的解决都必须是从倾听开始的，如果你想真正地认识和了解自己的孩子，看到孩子的更多面，那就试着从“听他说”开始吧。

常常以为孩子不懂事，其实却是自己“不听话”

童童放学回来前，我接到了老师的电话。老师说童童今天跟同学打架了，但问原因时他什么都不说，让我好好再跟孩子聊一聊。

放下电话，我瞬间有了怒气。

终于，童童回来了，脸上似乎还带着点伤，这让我的怒气更大了：“你怎么能跟同学打架呢，这是妈妈教你的吗，打架很危险的知道不知道，你怎么变成这样了？”我全然将老师的话忘在了脑后，只顾着诉说自己的不满。

“其实，我……”

“其实你什么？不管什么理由，都不能打架。”我一句话堵住了童童。

显然，童童有些生气了，站在原地瞪着眼睛看了我一会儿，摔门进了房间。

“你打架你还有理了！”我在他身后大喊。

自这件事情之后，我和童童之间心照不宣地开始了冷战，除了非常必要的事情，我们几乎不怎么说话，直到母亲节的到来。

那天，我收到了童童的一束花和一张贺卡，卡片上的内容让我第一次对自己作为“母亲”的合格性有了怀疑，上面写道：

妈妈，首先祝您母亲节快乐。

其次，为我的不懂事向您道歉。

最后，我想为自己小小地辩解一下，其实，上次跟同学打架，是因为他说了妈妈的坏话，虽然是开玩笑，但让我感觉到了对您的不尊重，所以才冲动动了手。

妈妈，我知道您是爱我的，我也很爱您，但有时候爱也会成为一种伤害，为了避免我们更多地受到这种伤害，请妈妈也多听一听我的想法和理由，好吗？另外，我保证，我以后再也不这样冲动了。

看完之后，我感触颇深，是啊，我总想着自己是个大人，是个母亲，但却忘了孩子也是一个有思想有感受的个体，很多时候，我们不能只用自己的想当然去评判孩子的行为，这是不公平的也是不合理的。

上面这个故事是我的朋友和我讲述的，其实在孩子成长的过程中，对于打架，家长们一般都是相当抵触的心态，一听到打架就想当然地把它归到“坏孩子的行为”中，这也是为什么例子中的妈妈会那样处理孩子的打架问题。

诚然，打架是一种非常不好的行为，但是我们不能因此就忽略了孩子的内心想法和感受，并且很多时候，打架也只不过是孩子间处理矛盾的一种方式，打完了，情绪发泄出来了，马上又能恢复友谊。

在故事后续的发展中，我们知道了，童童跟同学打架，其实有他自己的理由，并且这个理由并不是不可理喻的。

这样反过来再想，当时童童面对妈妈劈头盖脸的指责时，心里该是怎样的委屈啊！好在童童是一个心理承受能力较强且善解人意、宽容大度的孩子，没有因此做出极端的行为，最后还主动跟妈妈求和，解开了误会。

不只是打架，生活中，很多时候孩子都会做出一些让人难以理解或者看起来是不恰当的行为，挑起父母的怒火，但如果父母能够好好观察、倾听，就会发现，事实并不是自己想象的那般。

前两天，有个朋友发了条朋友圈，称自己是个“不听话”的妈妈。她写道：

昨天下班回到家，刚好瞥见女儿匆匆忙忙地把电脑关了。想起之前家长会上，班主任说最近女儿的成绩有些下降，我下意识就将这两件事情联系在了一起，怒火“噌”的一下就冒了出来，不由分说将女儿骂了一顿。

今天我才知道，女儿是为了给我准备一份特别的生日礼物在网上搜教程。想起来那天女儿满眼泪花委屈巴巴的样子，我真是恨自己当时为什么那么冲动，不先听孩子解释一下，我真是一个“不听话”的妈妈。

原以为孩子是偷摸玩电脑耽误了学习，结果竟是一份沉甸甸的无言的爱，父母常常以为孩子不够懂事，事实却是自己“不听话”。

像例子中的两个孩子一样，现实中有不少的孩子会做出类似的看起来是错误的、毫无意义的、让人生气的行为，他们可能会打架、会撒谎、会捣乱、考试会考砸、故意犯错……这些事情从大人的角度来看可能“很蠢”“很不对”“很无理取闹”，但也请别着急批评他们、责骂他们，先耐心听一听孩子怎么说，看一看孩子的反应，再管、再骂也不迟。

其实，孩子在进行这些行为时，内心很可能就已经忐忑不安、小心翼翼了，如果父母再不分青红皂白地批评他们，可想而知他们心里将会是什么样的滋味。

行为心理学家说，孩子的每一个行为背后，都隐藏着一个诉求。弄清楚这个诉求才是父母最应该关注的问题，而不是总盯着行为本身并依此给孩子责难。

如果父母总是忽略孩子的诉求，不关心他们的动机和理由，慢慢地，孩子就不会再主动向父母诉说他们的想法，即使被误会，也懒得再解释。

事实上，孩子对于父母是有着分享和倾诉的欲望的，他们做了什么事情，受了什么委屈，有什么感受，最初都是倾向于跟父母说的，但这种倾向性并不是一直存在的，这主要取决于父母的反应。如果在孩子诉说时，父母一再打断或者抱有不认真不耐烦的态度，就会打击孩子主动跟父母沟通的积极性。长此以往，亲子关系就会出现裂痕，孩子和父母之间就会变得无话可说，亲子矛盾也会越来越突出。

有一位女星曾在节目上爆料自己和儿子关系一度非常紧张，儿子甚至要求“换一个妈妈”。

原本，她以为是孩子的心理出了问题，就找了心理医生前来咨询，可谁知，医生却告诉她，问题在她，跟孩子无关，因为她太以自我为中心了。

孩子一有她认为不合时宜的行为举动时，比如考试考砸了、打坏了东西，她上来就是一顿劈头盖脸的指责，根本不给孩子辩解的机会，孩子有委屈有理由说不出，只能憋在心里。

如此，一次又一次，一天又一天，儿子对她越来越不满，越来越反感。直到最后，儿子根本不想再跟她好好说话，甚至连看一眼都觉得多余。

好好的亲子关系，最后却演变成这个样子，而罪魁祸首竟然就是嘴里总是喊着为了孩子好的父母，这是多么讽刺的事情啊！

有一个普遍的现象是，孩子越长大，和父母的话就越少，这其中有一点原因就是，父母总是剥夺孩子为自己发声、辩解的机会，想当然地用自己的看法去解释、评判孩子的行为，而这种解释、评判往往还是消极的。

不可否认，父母的确有更多的人生经验，也懂得很多处事道理，但这并不意味着父母就不会犯错，就没有判断失误的时候，相反，正是因为这些经验和道理的束缚，再加上父母和孩子看待问题的角度也不同，因此更容易做出失之偏颇的评判，误解孩子的用意，对孩子造成伤害。

我在厨房正忙得四脚朝天，突然“哐当”一声响，一盆水掉在了地上，厨房瞬间变得湿漉漉的。

原本，这并不是什么大不了的事情，可对于此时心烦意乱的我来说，这简直是天大的麻烦事。

"你干什么啊？没看到我在忙吗？求求你别给妈妈捣乱了，好吗？快点出去！"我马上把一肚子火气对准了制造这起"事故"的罪魁祸首——6岁的儿子。

儿子愣愣地看着地上的水，在我的叫喊声中收拾起来，边收拾边哽咽地说："妈妈，别生气，我只是想帮你洗洗菜。"

刹那间，我的火气全消了。

上面这件事是一位打电话咨询的妈妈和我倾诉的。其实孩子的世界很简单，尤其是年龄小的孩子，他们的想法是非常单纯的，有时候他们不过是想帮爸爸妈妈的忙，想为爸爸妈妈打抱不平，但却由于能力有限而不能把事情做好，看起来就好像是在捣乱，在故意找碴儿，然而事实却是他们在用自己的方式表达对父母的爱。

他们会按照自己的想法，为父母做一些事情。为了看到妈妈的笑容，他会捏着鼻子喝下讨厌的汤药；为了让爸爸高兴，他会吃下自己不喜欢的食物；为了给妈妈一个惊喜，他会学着做超过自己能力范围的事情。他甚至会撒谎，会隐瞒，会忍受，尽管方式不对，但也是孩子的一种爱的表达。

孩子小的时候，爸爸妈妈就是他们的全部，爸爸妈妈的所作所为构成了他们面对世界的依仗。想象一下，如果爸爸妈妈总是不理会他们的真心，不耐烦他们的解释，不理解他们的想法，他们该是怎样的孤单和无助，而当这些一次又一次地发生后，他们对于父母也就失去了信任和期待，也就再也不想表露自己的内心了。

我不想说，孩子做错了事，做了不合时宜的事情就一定有好的理由，就一定是出于对父母的爱，但是我想说遇到这种事情，如果孩子有话说，请一定让他说完，这是对他最起码的尊重。

不管是打架、打坏了东西、考试没考好，还是受了伤、和同学闹了矛盾，一定要耐心听一听孩子的理由，客观公正地看待他的行为，不要下意识地否定，不要想当然。如果在这些事情上，家长都能心平气和地与孩子交谈，那么，其他的事情孩子也会更乐意和你分享。

没有哪个孩子天生会抗拒父母，很多家长只看到孩子不和自己沟通，不愿意跟自己说心里话，但从未想过，沟通是双向的，是需要积极反馈的，自己是否给过孩子能促使他们愿意继续沟通的反馈呢？

当孩子说他害怕，请父母一定放在心上

“爸爸我怕”“妈妈那个好恐怖啊”，有过带娃经历的父母们不会对此感到陌生，有时候孩子的恐惧来得莫名其妙，你还不知道怎么回事，他就被吓哭了，即使你找到了令他感到害怕的事物，也会觉得难以理解：“这个有什么可怕的呢？”

我还记得有位妈妈的吐槽：

我家孩子太胆小，那天看到风吹窗帘都直说“怕怕”。当时还是大白天！我就不明白了平时生活中很常见的东西有什么可怕的？怎么孩子会有那么多害怕？！

的确，如果我们以成人的视角和思维去看待这一问题时，就很难理解孩子的这种行为，也因此，很多家长都会觉得孩子是在耍小孩子性子，或故意夸张来引起注意，甚至是恶作剧的行为，因此也就不会太在意，进而会采用很敷衍的方式安慰孩子两句，就算解决了。

但其实，事情并非家长想得这样简单。

美国一位临床心理咨询师曾发表过一篇关于儿童不同年龄段的

恐惧清单，其中列举了一些让孩子容易感到害怕的事物，如：

> 2~4岁的孩子会对这些感到恐惧——对上厕所感到恐惧，担心会掉进厕所中，担心会有虫子从马桶中爬出来；对黑暗恐惧，害怕一个人睡觉，害怕阴影；对分离感到恐惧，害怕和父母分开；对水感到恐惧，不喜欢洗澡，害怕游泳池。
>
> 5~7岁的孩子对这些感到恐惧——害怕怪物，害怕暴风雨、闪电、打雷，害怕医生，害怕打针，害怕虫子等。

这些事物，以成人的眼光来看，确实是生活中十分平常的存在，并不会对人构成威胁，也不会让人产生害怕的感觉，但是对于孩子来说，却不是这样。

因为孩子自身认知水平的有限，对很多事物都难以给出科学合理的解释，这种情况下，借由丰富的想象力，种种怪异的、恐怖的事物就在他们脑海里诞生了，再加上孩子本身有较强的情绪敏感度，就很容易产生恐惧的感觉。

比如，有的小孩会很害怕阴影，有时候甚至会被手的影子吓到，那是因为在他们想象里，那样的影子就像是一只大怪物或者怪物的一部分，是非常恐怖的；朋友家的孩子有一段时间上完厕所不敢按钮冲水，后来才知道，他那段时间刚开始了解太空知识，觉得旋转下去的水涡特别像黑洞的样子，因为害怕自己会被“吸走”，所以才不敢冲水。

可以说，孩子那些看起来“莫名奇妙”的恐惧真的不是他们在耍性子或者故意为之，他们是真的感到害怕，才会说出来、喊出来、哭出来。而在这种情况下，父母的反应是非常重要的。

父母对孩子恐惧情绪的反应，是帮助孩子消除恐惧的根本，也会增强孩子对父母信任的基础。

我带女儿到朋友家里做客，一整天，女儿都和朋友刚满2岁的小男孩玩得特别开心，小家伙没哭也没闹。

下午喝茶的时候，我和朋友坐在沙发上，小男孩拿着玩具坐在地毯上玩。突然间，他指着冰箱大声喊："怕，怕！"

我不知何故，目光望向冰箱的方向，只见阳光通过窗户照在了上面，除此之外并无其他，便转向朋友，想听听她的解答。

朋友笑着说："没什么事，这几天娃总这样，一看见阳光照进来，就指着喊怕，这有什么可怕的呢？"

朋友的话没有满足我的好奇心，我很想弄清楚孩子到底在怕什么。于是我来到冰箱旁边，打算逐一"排查"。

"是怕这个吗？"我指着被阳光照着的冰箱把手问道。

小男孩摇了摇头。

"那是这个吗？"我又指着一个醒目的冰箱贴问道。

小男孩还是摇头，同时手指往上指着，再一次说："怕！"

"哎呀，你累不累啊，我的娃你比我还操心，让他自己玩吧，没事。"朋友在身后催促我。

"不行，我必须弄清楚你的娃在怕什么？"我坚决地表示，然后顺着弟弟的手指向上看，发现冰箱上面放了一个闲置的鸟笼，在阳光的照射下，投射到墙上形成了条纹状的阴影，与鸟笼连在一起，变成一个散发着黑色射线的古怪物体。

“是怕这个，对吗？”我指着鸟笼以及墙上的阴影小心翼翼地问。

他点点头，嘴巴里对我说：“怕怕！”同时对我笑了。

“原来他害怕的是鸟笼，这有什么可怕的呢？”得知了真相后，朋友更诧异了，她走过来拍了拍小男孩的肩膀说道：“儿子，那只是个鸟笼，没什么可怕的。”

可谁知，听完妈妈的这句安慰，原本还冲我笑的他，突然使劲摇着头，更大声地叫喊着“怕怕”！

为什么小男孩在“我”指着鸟笼跟他确认的时候会笑，而听到“妈妈”的安慰却变得更恐惧了？别看孩子年龄小，知道的东西少，但他们的感受却是敏锐的。

当例子中的“我”一点点寻找让小男孩感到害怕的事物时，他是能感受到那种自己被保护、被关心的力量的，而“妈妈”压根不知道孩子在怕什么，为什么这么害怕，却仍旧告诉孩子“那没什么可怕的”，表现上好像是她在帮助抵抗令孩子恐惧的事物，但实际上，孩子根本没有感受到妈妈对自己的关注和理解，反而会觉得自己的这些感受是不被妈妈认可的，因此才会变得更加恐惧。

很多父母对孩子表达害怕的时候，会对孩子说“别怕、没事的”，或者“怕什么、要勇敢”，这种看似是安慰的处理，本质上就是一种敷衍，同时也是对孩子情绪的否定。

《津巴多普通心理学》一书中对此有过解释：当人因为某种情景而产生恐惧情绪时，如果听到“这有什么可怕的”这类话时，并不会得到任何缓解，因为这表示的是身边的人对他的感受和处境并不理解，他会因此而更加焦虑和担忧。

这种因为情景而产生的恐惧的情绪不被理解和不被共情的做法，叫作“负强化”，即通过否定，间接地把恐惧这种情绪强化了。

而过度的恐惧情绪对孩子的身心发展是极为不利的，研究表明，儿童恐惧若经常发生，会影响孩子的生理及心理健康，严重者可导致心身疾病或者精神疾病。

孩子感到害怕的时候，是非常迷茫和无助的，而我们要做的，除了第一时间发现他们恐惧的来源之外，还需要给出正确的反应。

很多时候，孩子表达出来自己的恐惧、担心、害怕、无助，并不是为了寻求解决方法，而是确定父母对自己的爱，这时候，理解才是最重要的，它本身，就已经是一种安慰和疗愈。

妮妮刚开始自己睡觉的时候，总是说怕黑，不让我给她关灯。

这时候，我就会告诉她：“每个人都会怕黑的，因为什么都看不见，也不能做任何事情，所以我们要闭上眼睛，让身体好好休息，天亮了，就会好的。”

末了，我还会告诉她：“你放心，妈妈一直在隔壁的房间，任何时候你想叫妈妈进来，妈妈都会在。”

听完这些话，妮妮就会乖乖地闭上眼睛，很快就会沉沉睡去。

孩子成长的过程中，会经历很多恐惧，恐惧和害怕是正常的现象，展现出来的是孩子对情感依赖的需求。对于孩子来说，只有足够信任并依赖某人的情况下，才会展现出自己的恐惧，而最初扮演这个角色的就是父母。

孩子因为信任和依赖父母，而把自己脆弱的一面表现出来，希望能得到父母的理解和帮助。这时候，孩子并不需要那些安慰和鼓舞的话，孩子真正需要的，是希望父母能看到他内心的紧张和压力，看到他的迷茫和无助，然后告诉他：爸爸妈妈知道你很害怕，但是没关系，我们会一直陪在你的身边。

只有这样，孩子才会获得充足的安全感，也会有更多的勇气去战胜恐惧，也只有这样孩子才能感受到并且更加坚信父母对自己的爱，从而更愿意在父母面前展现自己的脆弱。

当孩子的害怕总是被父母不理解甚至误解时，孩子就会将自己脆弱的一面伪装起来，独自承受痛苦和煎熬。

综艺节目《中华好妈妈》里，一位台湾妈妈讲述了至今都让她难以忘怀的一件事。

小时候，父母的一位男性朋友来家里做客，趁他们不在，这位叔叔欺负了她。

她跑去告诉爸妈，没想到妈妈非但不以为然，还责怪她——小孩子乱讲话，说如果让叔叔听到了，会很尴尬。

这让她非常难过，从那以后，遇到任何困难都没敢再跟父母提起。

一位教育学者曾说：“如果孩子说，我不喜欢和那个叔叔在一起，那就千万别让孩子和这位叔叔单独相处。”孩子可能会信口开河，但对于一些让他感到不自在的事情，他往往是非常认真的，如果孩子主动将自己的不舒服、不确定、不高兴告诉你，你就要百分之百地相信他，给他足够的安全感，这样以后再遇到类似的事情，他就会第一时间找父母。

很多孩子之所以总是在父母面前假装坚强，报喜不报忧，就是因为觉得他们不相信父母能够帮助他们共同对抗那些不好的事物，而沉默才是他们最脆弱、最心酸、最无奈的自我保护。

在他们成长的过程中，曾经一定有过有关恐惧和无助的表达，却换回了漫不经心的敷衍和取笑的经历。当他们感到害怕并向父母诉说时，得到的却是不理解、不认同，甚至是责怪，渐渐地，他们潜意识就会形成固有认识：这样的事情我一旦告诉父母，必定会有比身体的伤害更加无法名状的伤害出现。

孩子对父母有着天然的依赖和信任，但这种依赖和信任并不是长久不变的，如果父母不能够妥善经营，它们就会消失殆尽。

不管是物、事还是人，但凡是孩子提到让他感到恐惧、觉得不自在的东西，不论在你看来是多么的荒诞、不可信，都要选择先相信孩子，站在他们身边，接纳他们的情绪。

永远不要不把孩子的害怕放在心上，永远不要趾高气扬地去取笑让一个孩子产生恐惧的来源，永远不要责怪孩子你怎么这么胆小。

没有被听见的孩子，最后都沉默了

我曾经不止一次，听到过某些家长的抱怨：现在当家长真是太难了，孩子什么事情都不愿意跟你说，你只能看着干着急。

对于孩子不喜欢跟父母谈心、倾诉这件事，父母们所能想到的最合理的解释，就是孩子长大了，有自己的想法了。这方面的原因的确是存在的，随着自主意识的觉醒，孩子在很多事情上都会产生自己的想法和决定，不会跟旁人分享，但这些仅仅是很小一部分。

我曾在回家的火车上，看到一对母女，她们的交谈内容让我十分感慨：

母女两个打扮时髦，女儿看起来已经成年，妈妈大概五十多岁的样子，她们中途上的车，就坐在我的对面。

上来时，女儿亲昵地挎着妈妈的胳膊，由于都戴着口罩，原本我还以为是姐妹或闺蜜。坐下来后，女儿开始翻照片，翻到好看的或好玩的都会让妈妈也看一看，还调侃道："妈妈，你照得真好看，都不用修图了。"妈妈也只是愉快地笑笑："那当然了，不看是谁的妈妈。"

翻完照片，母女俩开始聊天，从女儿的感情状态，到女儿的朋友们再到女儿的学习、未来的工作期望，最后又说了一些他们家朋友、熟人的琐事，整个过程，都是女儿在说，妈妈认真地听着，然后回复，给出自己的看法或感受，但最终都会和女儿达成共识。她们真的就像同龄人的沟通一样，没有生气，没有质疑，更没有家长的权威强制。

看到这对母女相处的状态，我真是羡慕得不得了，想到自己从未也不敢在父母面前这样袒露自己的内心，不禁感慨万千。

家长们总是说孩子大了就不跟自己亲了，但这个女儿都已经成年，难道还不算大吗？但她依然还是跟妈妈很亲近，乐于和妈妈分享她的一切。

我不知道像我看到的这对母女相处状态的亲子有多少，但是可以肯定的是，难以顺畅沟通的父母孩子有很多。

而大多数父母会把难以顺畅沟通的责任甩到孩子身上，认为是孩子不愿意跟父母交流，孩子太抗拒父母，但要知道每一个孩子在小的时候都是倾向于和父母分享的，他得到了一个好玩的东西时，会迈着并不利索的步伐，高高地举着跑来让你看；他受了委屈的时候，一看到父母，就会马上哭出来。

孩子心中的沉默和不想说，除了自我意识觉醒之外，其实更多的是因为：曾经说了，但是被反驳、被惩罚或者被忽视了。

在关注儿童青少年与父母沟通的综艺节目《少年说》中，有这样两个场景，一个是刚上初中的袁景颐对妈妈的告白：

“有一个人他十项全能，他什么都好，他就是别人家的孩子。

“你总对我说，你这么差怎么会有人愿意跟你做朋友？

“你为什么老是打击我，难道你就看不到我的努力吗？

“妈妈，孩子不是只有别人家的好，你自己的孩子，为什么就不能好好看一下呢？她也一直在努力啊！”

这是一个生活在学霸闺蜜阴影下的小女孩，袁景颐的妈妈总是会把她和她的好朋友拿来比较，然后把她打击得一无是处。借着节目的机会，小景颐怀着被反驳的担忧登上台说出了这番心里话。

可谁知，妈妈听了之后一点不为之所动，还尖锐地指出了小景颐学习上的问题，并说：

“你这个性格，我要是不打击，你就会飘。”

听到这样的回应，袁景颐还想试着再为自己争辩一番：“我说了我不适合激将法，你老是这样打击我，我就会觉得自己很差。”

可这次，妈妈直接忽略了小景颐的诉求，而是反问她：那你为什么就不能达到妈妈的要求呢？

到这里，袁景颐已经知道自己不可能让妈妈改变心意了，就不再说话，抹着眼泪走下了台。

另一个是一名初二男生对妈妈提出的要求：别再让我吃鸡蛋和苹果了。

他说，自己从小学开始，就被要求每天吃一个苹果，一连吃了6年。上了初中之后，苹果不用吃了，但必须每天吃一个鸡蛋，到现在已经吃了2190个苹果和500多个鸡蛋。

最后，他站在台上，大声说出了自己的心里话："妈，虽然苹果和鸡蛋都很有营养，但是我再也不想吃了！"

男孩的妈妈听了之后，笑着调侃说：儿子，你长这么帅，都是吃苹果和鸡蛋吃的。

最后这位妈妈还是爽快地答应了儿子的要求："好，不吃就不吃了。"

听到妈妈的回答，男孩露出了欣喜的笑容。

这两幕形成了鲜明的对比，一个哭泣着走下了台，一个和妈妈相视而笑，场面欢乐又温馨。

相比于袁景颐，这个男孩真的是太幸运了，因为他内心的声音被妈妈真的听见了。我们也有理由相信，在今后的生活中，这个男孩也会更有勇气去向父母表达自己的真实想法，因为他知道他是能被听见的。而袁景颐，更大的可能是会在父母面前越来越封闭自己，不再敢袒露心扉。

是啊，那些说了却没有被听见的孩子，一次两次三次……之后，大概就再也不想开口了。孩子想说时，你总是不在意或变相拒绝听，等到你想好好沟通时，他也就未必想说了。

这些被迫沉默的孩子，表面上或许看起来非常平静，但内心却更加汹涌了，也会因此产生更多问题。我大致总结了三种比较典型的问题。

1.表面顺从，暗地对抗

我们还可以从一位网友分享的事例来看：

> 每次我用“我想”“我要”开头说话时，我妈妈就会迫不及待地打断我，反驳我，或者想办法“纠正”我，久而久之，我就不想再跟她说了。我开始习惯于撒谎，把很多事情都自己悄悄做了。一些她希望我做好的事情，我会故意搞破坏，比如她让我洗菜我就故意不洗干净，以此来表达我的不满，反抗她的安排。

例子中这个孩子的表现本质上是一种被动攻击，表面顺从妈妈的意思，私底下却劳心费力地用各种方式表达自己的不满，这种对抗，不仅会消耗孩子的生命力，也会使得他变得更痛苦，那是一种越来越确定无法从父母那里获得支持的痛苦，也是一种因为背叛了父母而内疚的痛苦。在这种痛苦的作用下，孩子变得非常矛盾和纠结，也会变得越来越沉默。

2.表面乖巧，自我压抑

和上一种类型不同的是，有一些孩子在内心的声音被忽视后，选择了彻底封印，他们不会总是暗戳戳地反抗，而是彻底安静下来，但这也意味着他们的情绪更加无处释放，他们在费力地压抑着自己。

这样的孩子会努力地使自己看起来像个正常人，但父母不曾想到的是，他们可能有无数个晚上是在泪水和绝望中入睡的，他们独自一个人的时候总是双眼空洞地望着某个地方……“得不到的就算了吧”“就这样吧，无所谓”是他们常用来抚慰自己的话。

这样的孩子是最容易做出一些“惊天动地”的大事情让父母感到震惊的，当然，这里的“惊天动地”可不是什么好的形容词。

3.自我否定，严重自卑

就像上文提到的小姑娘袁景颐一样，她在妈妈的打击下已经产生了自我否定，但她尚且有为自己争取的意识和勇气，更严重的情况是，有些孩子会因为自己的需求没有得到父母的认可而对自己的需求产生了怀疑：我想要的是不合理的、我的要求是不正确的……这种情况下，孩子已经形成了自我否定的惯性，换句话说，他已经对某些事情失去了自我判断的能力。

比如，当一个不喜欢吃西红柿的孩子被妈妈强制要求吃西红柿，并被持续灌输一系列吃西红柿积极和不吃西红柿消极的观念时，他慢慢地就会产生“我不喜欢吃西红柿或许是不对的”这种怀疑，而忽略本身的感受和价值感。如果孩子常常在这样的情景中，他的自我怀疑和否定就会越来越强烈，进而陷入自我攻击中，变得越发自卑。

每一个被“反驳回来”的孩子，都渐渐地学会了沉默，但这种沉默却是无数正在悄然滋长的问题的伪装。如果任凭这些发生，后果将不堪设想。

所以，试着发自内心地听一听孩子的声音吧，别到了孩子不跟你分享的时候才来求助，到了孩子真的出事了之后再后悔莫及。

在埋怨孩子油盐不进之前，先想一想自己是否也曾像高山一样难以推动；在埋怨孩子不跟自己亲近之前，想一想自己是否曾向孩子的心口递过刀子；想一想当孩子在向你分享他的那些开心的、喜悦的、悲伤的、害怕的事情时，你给出的是怎样的反应？

其实通往孩子内心并不难，只要记得在开口教育他们之前，用上这2把钥匙：

一句温柔的“我想听你说”；

一句发自内心的“为什么呢”。

也就够了。

第二章

消除情感隔阂，让孩子敞开心扉

唯有孩子心底里布满阳光，他才能真正敢于直面风浪。

问自己一个问题，什么是“无条件的爱”？

近两年来，“幸福感”一词越来越受到父母的重视，很多家长都在为了孩子未来的幸福而奔走劳累。但事实上，他们所认为的幸福和孩子真正的幸福是有偏差的。

暑假，我闲来无事就去表姐家，打算带着6岁的外甥女一起出去玩，结果遭到了表姐的制止，原因是，小外甥女还有很多课要上，英语、书法、钢琴、演讲……

我听完当时傻了眼：“这不都放假了吗？不应该好好让孩子放松放松吗？”

表姐马上反驳了我：“现在的忙碌、吃苦都是为了以后的幸福，现在的孩子哪个不是多才多艺，你什么都不会，将来怎么在社会上立足？”

“幸福？”听了表姐的话，我看着外甥女苦哈哈的小脸，突然觉得这个词语格外讽刺。

很多家长的想法和我的“表姐”是一致的，他们都认为幸福是建立在充足的物质基础之上的，而要满足这样的物质基础，孩子就必须具备各种各样的技能，提高自身竞争力。这一点，我并不反对，但是物质基础虽然是提高幸福感的保障，却并不是幸福的根基。换句话说，物质基础并不能决定人的幸福感。

那么，什么才是获得幸福的关键呢？或者说幸福的秘诀是什么？

这一问题，德国脑科学家格拉德·许特给出过答案：想要幸福，孩子必须感觉到他被父母无条件地爱着。如果不是这样，他的整个人都会改变，变得爱讨好人，之后的人生也将在求之不得的痛苦中度过。

父母们看到这，或许觉得很简单，“无条件的爱”？父母爱孩子不都是无条件的吗？除了极个别根本不能称之为父母的父母。

的确，父母之爱很少刻意索取，但并不是无条件的，大多数父母的爱都限定着各种各样的附加条件、隐形要求，只有在孩子表现出父母所希望的那样时，才会毫无保留地展现出来。

真正“无条件的爱”应该是什么样的呢？在一位网友的回答让我们能很清楚地了解到：

作为大家庭里最小的孩子，我很小就发现了这样一个规律：如果周围的人对你评价很高，那多半不是真正的你，是你不断妥协伪装的结果。

外在的好名声和真正的自我是相互矛盾的，两个只能选择一个，我是绝对的“实用主义者”，再好的虚名也不及自己的真实感觉来得实在，于是我从有记忆以来，就坚定信念，要做一个真实的小孩！

什么孔融让梨、王泰推枣，只要我喜欢吃，我谁都不让，我还要吃两个、吃三个。秉着这样的信念，我经常被我爸揍，但他揍我，我也不改（当然都是一些没有很大危害的事情）。

就这样，我以坚定的信念和扛打的身体，向周围人传达了这样的信息：我就是我，我不会因为你们喜欢与否而改变，不会为了得到你们的爱就去扮演另外一个人。我不要你们爱那个虚假的角色，我要你们爱这个真实的我。

于是，大家都对我的表现抱有极低的心理期待，这就意味着，我不用像其他小孩一样——做对的事情，表现得乖巧懂事，才能得到来自父母的关注和宠爱，我只要正常做我自己，他们就会很开心很满意。

我以我本来面目示人，亦以我本身被爱，而不是我做的事情，更不是我刻意伪装出来的样子。这就是我所认为的无条件的爱，当然这种爱也是我的家庭给予我的包容。

爱孩子本身，不管孩子是否表现出了你所希望的样子，都一如既往地爱他，这就是无条件的爱。

当然，说这样的例子，并不是鼓励家长们让孩子都变成淘气包、捣蛋鬼，而是让父母能够正视自己给孩子的爱，并认识到无条件的爱的重要性——

无条件的爱，有过和没有过，人生的区别会非常大。

像我，这么多年以来都过得非常轻松，也很容易就能变得幸福，因为我不必为了讨父母的欢心而去做违心的决定，并且也因为从小感受到了这种爱，而更加认可自我，拥有足够的底气不去迎合别人，不会卑微地渴求别人的爱。

但那些没有被无条件爱过的孩子，绝大部分不会像我一样。

他们会认为自己只有做了别人喜欢的事情、满足了别人的需求，才能得到爱，他们会怀疑自己存在的意义。

因为无条件的爱，随着年龄的增长会越来越难得，如果在童年时期没有感受过，长大之后也基本无望。

这些孩子一般会形成这样的逻辑：想被爱，但又想做自己，可是做自己就不会被爱。于是，他们就会在这样的纠结与痛苦中度过一生，这种痛苦尤其到成年后会更加强烈，尤其是在重大的抉择面前，好像自己无论怎么选择都走不通。

这是因为他们没有找到真实的自己，他们太过迎合别人而导致脑海里充斥了太多外来的声音，如果一辈子的选择都是为了回应别人，并不是自己真正想要的，那就不可能得到脚踏实地的幸福。

日本电影《被嫌弃的松子的一生》里，主人公松子正是因为想要弥补自己童年时对于爱的亏欠，最终却被爱所累，一生坎坷，孑然一身，孤独终老。

许特教授也曾指出，孩子必须感受到他可以做他自己，即使不如别人家孩子厉害，爸爸妈妈的爱也不减少。只有当孩子不觉得自己需要努力去被父母爱着时，他们才是最快乐的，也更容易获得幸福。

因为，在父母“无条件的爱”中包含了关乎幸福力强弱的最重要的两个方面，强大的内心和独立的人格。

幸福感，是人基于自身的满足感与安全感而主观产生的一系列欣喜与愉悦的情绪，而一个人能否获得幸福取决于他本身的幸福力。

幸福力简单地说就是感知、获得幸福的能力，日常生活中我们会看到这样的场景，即使是在相同的情景中，有的人会很豁达乐观，而有的人却会消极悲观，这很大程度上是因为具备的幸福力的不同。幸福力高的人能够敏锐发现各种小确幸并为此感到快乐，而幸福力低的人却总会注意到那些不好的方面，使自己陷入痛苦中。

没有感受到“父母无条件的爱”的孩子，很容易形成“讨好型”人格，而具备这种人格的人很难获得真正的幸福，即使他们有时候看起来快乐无忧，但也只是一瞬间，幸福感很容易就会消失得无影无踪。

因为他们是以他人为中心的，他们的所有情绪、感受都是围绕着别人对待自己的态度和行为产生的，他们会因为别人一句否定的话而怀疑自己，会因为别人的一个眼神而联想出一整部“连续剧”，他们的情绪也会跟着跌宕起伏。

这样的孩子，在小的时候可能会因为迎合父母的期待而展现出优异的表现，比如听话、主动做家务、成绩优秀，但是随着他所处环境的不断扩大，尤其是进入社会之后，他所能感受到的“期待”会越来越多，比如上司、同事、爱人等，他的精力会被周围各种各样的事物分散，也就无法集中精力专注任何一件事情，最后的结果就是，他越想有所作为，越想要证明自己，就越是办不到，因此会越来越痛苦。

我们的天性，原本都是优先满足自己再回应别人的，一旦弄反了，就会产生原发性的痛苦。与幸福感相关的几大方面，安全感、归属感、价值感都是要从自我的需求出发，才能得到满足的，可“讨好者们”已经习惯了先考虑别人而忽略自身，所以也就很难获得幸福。

父母们应该扪心自问，是不是真的想让孩子幸福？如果是，那么请先在培养孩子各种高级技能前，在向他们发出高期待前，先让他们具备较高的幸福力吧。

幸福力高的孩子其实并不是像父母想象的那样各方面都很优秀的孩子，而是各式各样的，但一般都会展现出四个迹象，除了强大的内心和有主见，还要具备基本的生活技能以及会“玩”。

前面我们提到，强大的内心和有主见与父母无条件的爱密切相关，主要体现在两个方面，第一是父母要和孩子一起不断战胜困难，不断迎接挑战；第二，不要总是帮助孩子做决定，多问问孩子的想法，并给予重视。

无条件的爱并不是溺爱，而是要让孩子知道不管他是什么样的，父母都会在他身旁支持和鼓励他。“有条件的爱”很明显的一个特点就是，父母是两面派，孩子表现得好，顺风顺水时，他们也会无比宽容亲切，一旦孩子发挥失常，经历低谷时，他们不进行安慰反倒火上浇油。而让孩子内心强大起来的，正是在经历挫折困难时的心路历程，如果父母能够陪伴他们一起经历，给予他们鼓励和支持，他们就容易形成一套完整的积极的挫折应对机制，这样以后再遇到不管多大的困难，他们也不会畏惧，生活中的小挫折、小打击就更动摇不了他们的自信心了。

“有条件的爱”会让孩子觉得自己只有满足了某些条件才能获得关注，为此他们会压抑自己的想法和欲望，学会察言观色，以父母的喜好为基准，如此渐渐地就会变得没有主见，遇事总会考虑太多人的感受，权衡太多利弊，最后在考虑和权衡中失去更多。

没有主见就意味着不会独立思考，不会独立思考就很容易迷失。有主见的孩子会通过自身对事实的观察、分析和评估，形成自己的观点，找出解决问题的方式，运用独立思考的能力，寻找到自己想要的人生，从而获得幸福感。

其次，幸福力高的孩子可能没有高级技能，但一定能够自己照顾自己，一定拥有基本的生活能力。

所以家长也要适当地让孩子做些家务，这不仅能增强孩子的同理心，也能让他更加热爱生活，懂得生活。

最后，要留给孩子玩耍的时间。如今，像开头的“表姐”那样，如今在周末、假期也给孩子安排很多课程的家长越来越多，美其名曰不能让孩子输在起跑线上，但实际上却剥夺了孩子从玩耍中获得成长的权利。

心理学家表示，玩耍有助于孩子变得更具有创造性，发现自己的激情所在，让思维更加活跃，还能让他们学会自己尝试探究、掌控环境，从而发展解决与他人和谐相处以及适应环境的能力。在童年有过充足的时间自由玩耍的孩子，到成年后他们依然能受益于此。

我时常在想，什么是好的家庭教育呢？什么样的亲子教育能让孩子获得真正的幸福人生呢？

其实，父母的作用不是塑造孩子成为什么样的人，而是让孩子发现自己想成为、能成为什么样的人，而父母能做的就是在他们身边给予物质和精神支持，然后伴随着孩子的成长慢慢退出属于他们的舞台，让他们尽情地去过自己的人生。

父母往往是导致孩子“脆弱”的根源

常听到有人感叹“现在的孩子心理都太脆弱了”，尤其是在一些青少年自残或自杀的事件发生之后，这样的声音更是愈发高涨。

面对这样的现象，家长们一面恨铁不成钢，一面又担忧困惑，既害怕孩子会变成那样，又不知道如何避免他们变成那样，更不理解孩子为什么会成为那样。

在他们看来，不过一件很小的事情，到孩子那里却能掀起滔天巨浪，让孩子出现各种心理问题，甚至还会寻死觅活。

我其实很认同一点，那就是父母所说的“小事”。的确，很多导致孩子出现严重问题的，让孩子抑郁自伤的，正是父母所说的“小事”。

这是为什么呢？因为很多父母只知道感叹孩子脆弱，一点小事都处理不好，一点挫折都扛不过去，却很少去想，孩子为什么会因为一件微不足道的小事变得那样。

在大多数父母眼里，孩子的“脆弱”就是因为他们经历的挫折、困难太少，受到的照顾太多，生活过于顺遂，因而身心承受能力无法得到锻炼，遇到一点不顺心的事情就会受不了。

然而，事实却并不是父母想的这样。除了先天气质的原因，孩子的“脆弱”更多是因为后天情感关怀缺失导致的。一个所谓的心理脆弱的孩子，其实并不是心理承受能力太差，而是他们缺乏一个有效的“心理消化系统”，这就使得他们在遇到问题、产生负面情绪时，不能做出合理的反应。

这种合理的反应，延伸出来，体现的正是自我抚慰、自我理解、自我接纳、自我调整等一系列的心理能力。而这些能力，孩子并不是天生就具备的，需要从父母及周围的环境中获得，其中起到关键作用的就是父母的情感关怀。

所谓情感关怀，就是适当淡化事件本身而关注孩子的情绪感受，并且在自己保持平和的状态下给予孩子理解和调整情绪的方法。

换句话说，孩子只有看到过父母合理地发泄自己的情绪、调整失意的状态，只有有过被父母抚慰、理解、接纳的经历，他才能学习和发展这部分能力，否则他的这部分就是缺失的，即使等到他能自己意识到并想要重建，到那时也将会是一个非常庞大的工程。

在孩子这部分能力缺失或者重建的漫长过程中，他最常具有的就是“脆弱”的状态，某个契机下，一点点小事就能将他摧垮。

在名为“摧毁一个孩子有多简单”的问题下，一个网友分享了自己的故事：

曾经那一句话，我用了二十多年来消化。

从上小学开始，大小考试，我从来没有得过第二名，是的，每一次考试都是第一。我从来都不知道如果我没有得第一会怎样，我的父母也没有告诉过我，好像世界上除了第一，没有别的选项，我和我的父母也都习惯了我顺理成章地得第一。

这样的平静一直到初三的一次考试，那次，我得了第三。

第三对我来说意味着什么呢？意味着我打破了自己永远第一的天经地义，意味着我考砸了，天塌了。

我无法想象，无法接受，无比恐惧，无比自责，我怀着这样的心情回到家，胆怯地掏出试卷，告诉爸爸："爸爸，我，我这次没考好，才得了第三名，我该怎么办啊？"

当时非常无助、害怕的我，说出这句话，实际上是在求助，更确切地说是求救："爸爸，我不知道该怎么办了，求你帮帮我！"

可我得到的回复是什么样的呢？爸爸很冷漠地转过头来，带着谴责的口吻，冷冰冰地说道："我怎么知道怎么办？你自己不好好学习没考好，我能有什么办法！"

刹那间，我只觉得五雷轰顶，平常对我一向很温和的爸爸，为什么会说出这样的话？我不知道爸爸是不是心情不好，但他的这句话确实带给了我非常深的影响，让我更加自责，甚至是悔恨，以至于无法原谅自己。

印象里，这句话我消化了很久，并且从那之后的很长一段时间，我都很难接受自己做事情做不好，就算做得还不错，我也能敏锐地发现不好的那一面，并且为此自我谴责很久。在遇到一些不好的事情时，常常会负能量爆棚，有时候不免会出现极端想法。

现在的我，经过不断的自我疗愈，尽管那些微妙的心态已经不再严重困扰我，但也始终无法摆脱。

看了上面网友分享的故事，我想替这位网友续写一些文字：

如果，在“我”经常得第一名的时候，父母没有将这当作理所当然，没有将这当作宠爱我的条件，而是告诉我，没有人永远会是第一，即使不是第一名你在父母心中也是最棒的，你也是爸爸妈妈的骄傲，那么在后来，没有拿到第一名的“我”，也就不会那么痛苦和难以面对了吧。

如果，在“我”胆怯地将试卷拿出来，告诉父母“我”没考好的时候，他们能够笑着安慰“我”，第三名也非常好，并且第几名其实并不重要，重要的是你努力了就够了，如果自己感到不甘心，那就下次再努力一些，但爸爸不会因为你没有考第一就不爱你了，那么，“我”也就不会更加自责和悔恨，也就不会变得极度敏感和忧虑，也就不会那么长时间生活在阴影里了吧。

如果他们能看到“我”内心的无助和恐慌，能感受到“我”的自责和痛苦，告诉“我”，他们懂得“我”的感受，告诉“我”如果“我”觉得难过可以趴在他们怀里痛痛快快哭上一场，“我”想我一定会比现在要坚强得多，要快乐得多。

但可惜，没有如果。父母们不会懂得，对于幼小或是青春年少的孩子而言，很多成人眼里的小事，对于他们来说都是极其炸裂而重大的。在他们第一次遇到这种状况时，必然会惊慌失措，会恐惧害怕，如果父母能注意到他们的这种心理，进而给予正确的引导，让他们知道这些都没什么大不了的，都是可以解决的，并且父母会跟他们站在统一战线，帮助和支持他们，这样以后再遇到类似的状况他们就不会再那样慌乱害怕、“小题大做”了。

换个角度来看，或许正是父母的激烈反应导致了孩子对于某些“小事”反应过度。

孩子不小心摔坏了一个杯子，便大声呵斥孩子：怎么那么没用！

见了熟人没打招呼，开口就教训孩子不懂礼貌。

考试没考好，就说孩子笨，是猪脑子……

这些其实也都是小事啊，但是孩子刚开始可能没有概念，可他们看到爸爸妈妈这么激动，就会想当然地认为是不得了的大事，之后再遇到类似小波折、小困难，他们也都会归到“大事”的行列，并且不敢跟父母倾诉。

所以说，情感关怀的缺失是孩子“脆弱”的主要原因。识别接纳孩子的情绪，并以自身为模板教会孩子接纳、释放、调整自己的情绪、情感和状态，是作为父母的主要职责之一。

一个要好的朋友跟我说，她觉得自己现在越来越像自己的妈妈了。

朋友的妈妈是个特别情绪化的人，生活中一遇到不顺心的事情，很容易就会情绪失控，经常当着她的面又哭又闹，甚至是自己打自己。

朋友第一次见到妈妈这样时吓了一跳，后来就非常讨厌妈妈这样，但慢慢地她发现自己也在无形中变成了妈妈那样，遇到一点事情就好像天塌了似的，情绪马上就上来。

情感关怀的第一个重点就是父母对于自身情绪的处理，如果父母都不能很好地控制自己的情绪，遇到事情就歇斯底里，并常常把孩子当作宣泄的垃圾桶，让孩子在经历自身探索世界的迷茫的同时，还要承受来自父母的痛苦，那么，他们又怎么能够不脆弱呢？

有一个朋友曾给我讲过他和妈妈的一件事：

小时候有一次打架把牙磕掉了，觉得自己闯了大祸，忍着疼非常忐忑地回到了家里，本来以为会被妈妈一顿揍，结果妈妈看见我豁着牙的样子，一下乐了，然后细心地帮我擦掉脸上的污渍，跟我说："没事啊，牙齿掉了还能长出来呢，要是觉得疼，就使劲哭，别忍着，男孩哭也不丢人。"

听了妈妈的话，我心里的委屈突然就涌上来了，钻到妈妈怀里哭了好久，最后妈妈抚摸着我的肩膀说道："虽然妈妈没有骂你，但是不代表你做的就是对的，你打架把自己的牙齿打掉了，疼不说，也让妈妈很担心，而且跟你打架的那个孩子肯定也受伤了吧，这种伤害别人也伤害自己的事情，妈妈希望你以后不要再做了，可以答应妈妈吗？"

我狠狠地点了点头。

妈妈对这件事情的反应和处理，让我觉得，世界上没有什么大不了的事情，但我要学会对自己的行为负责。

情感关怀的第二个重点，就是面对孩子的问题，父母要以冷静、包容的态度，先抚慰孩子的不安，再告诉他们应懂得的道理。

只有获得了充足的情感关怀的孩子才能更有胆识去面对人生路

上的种种坎坷，并且也乐于寻求父母的帮助，而不是自己变得脆弱，并悄悄隐藏起来，直到累积到某个节点全面爆发。

或许，父母们会说，我们以前经历的苦难要比现在的孩子多得多，也没见我们那么容易抑郁，那么容易想不开啊。

的确，父母说的一点没错，当初他们所过的日子比现在要苦得多，别说情感关怀了，就连基本的物质条件都可能得不到保障，他们不还是一样好好地过来了。但时代不同了，孩子的需求层次也在升高。

现在的孩子从小并不缺乏物质生活，也不会担心安全，他们更需要的是心理抚慰，是高层次的精神需要。

然而，一些父母仍记得小时候自己对于物质生活的渴望而把对孩子的物质满足当作第一位，忽略了孩子最基本的关于依恋、情感和陪伴的需求。

他们所认为的爱孩子，就是为了孩子优越的物质生活拼尽全力，为了照顾孩子而牺牲很多，但这些却不一定能让孩子感受到爱。

而且，不仅父母会用别人家的孩子来比较，孩子也是会用别人家的父母来对比的，就像一位网友说的那样：

> 以前的父母95%没文化，人人脾气上来都骂孩子垃圾，你父母骂你一句垃圾，你觉得再正常不过。
>
> 现在的父母80%有文化，别人的父母都温柔慈爱地鼓励孩子加油，只有你父母骂你垃圾，你什么感受？
>
> 以前的父母95%信奉棍棒教育，家家都动手打孩子，你妈打你一巴掌，你依然乖巧地自我反省。
>
> 现在的父母70%反对棍棒教育，别人的父母耐心指导孩子的

错误，你妈上来就是一巴掌，你什么感受？

到底是孩子变得脆弱了，还是父母低估了这个时代他们承受的痛苦？这是个值得思考的问题。

相对于一些热衷于给孩子“挫折教育”的父母，也有人会担心太多的挫折对孩子身心有害：感觉很多事实都证明，孩子在儿童期受到的挫折越多，长大后心理就会越脆弱，是不是这样呢？

我想说，不是的。让孩子变得坚强勇敢的并不是经历挫折的多与少，而是他是否懂得了如何面对挫折，是否掌握了应对挫折的方法。这种态度和方法正需要孩子从父母身上习得，正来源于父母的情感关怀。

当孩子兴奋时，千万别忙着泼冷水

前两天，跟母亲聊天，她问了我一个问题："为什么你每次在家里都感觉闷闷不乐的？你都没有什么开心的事情要跟我说？"

我一时间不知道如何回答，就随便找了个理由搪塞了过去。

后来，我仔细想了想，大概是和小时候的很多事情有关。

比如，有一次我用自己存了很久的零花钱买了一本自己喜欢的漂亮本子，很兴奋地跟我妈分享：你看我的新本子好看吗？

可我妈的第一句话却是："你哪来的钱？"紧接着又教训道："你钱多没地方花是不是？"

这样的情景有很多次，某一次之后，我就再也不想跟我妈分享类似这种喜悦了。

我知道小时候家里条件不好，妈妈那样做是有原因的，但是，那种心情从云端狠狠地摔在地上的落差感，真的让我无法释怀。

我并不想要求什么，只是希望妈妈能发自真心地跟我说："女儿，你的本子真漂亮！"这就足够了，可是，这样简单的一个请求都是一种奢望，我还有什么理由跟她分享那些开心的事情呢？

我们一直强调，在孩子悲伤、害怕、无助的时候，父母给予理解，给予积极的反馈是多么的重要，事实上，在他们开心、兴奋、幸福的时候，这些同样也很重要。

然而，现实中很多父母却深谙“泼冷水”式的沟通，在孩子兴奋的时候，忙不迭地浇上一盆冷水，让孩子“回归现实”，或者说是“认清自我”。比如下面这个例子。

大年初一，我们全家人都到爷爷奶奶家吃团圆饭。早饭后，上小学二年级的侄子就当着大家的面，表演了他准备的魔术。

小侄子一点也不胆怯，流程把控得也很好，还知道利用互动来挑起“观众”的热情，看着他有模有样的表演，我们都不禁鼓掌叫起好来。

“涛涛，来，告诉爷爷，以后长大了想做什么啊？”侄子表演完毕，大伯把他搂进怀里，高兴地问道。

涛涛不假思索地说：“嗯，我想学魔术，以后想当一名魔术师，我觉得魔术很有意思。”

听到涛涛这样回答，坐在一旁的涛涛妈妈马上变了脸，严肃地说道：“学什么魔术啊，那些都是骗人的把戏，能有什么出息，你现在的任务是好好学习，将来考一个好大学，找一份正经的好工作。”

涛涛原本正在兴头上，被妈妈这么一说，马上闭了嘴，头也耷拉了下来。

当孩子在兴奋地分享一些事物或者表达自己的兴趣、愿望时，如果这些事物与父母的价值观念有所冲突，父母们就会马上浇上一盆冷水告诉他们“你不适合”“你不能”“你不值得拥有”。

就像开头的例子一样，妈妈的质问其实是在告诉我——因为家里穷，所以我不应该拿着零花钱去买我喜欢的本子，我不值得拥有这样昂贵的、漂亮的东西。涛涛妈妈的反对也是在说：涛涛，你不可能在魔术上有所成就的，所以放弃吧，你不适合。

有时候，父母不会直接对孩子进行否定或批评，而是旁敲侧击，这种冷水还被美其名曰叫作“谦虚”。

朋友过生日，打算去KTV唱歌庆祝。一听到要去唱歌，朋友的女儿小小也吵着闹着要去，无奈，只好将小小和她的朋友小林都带了过去。

看得出来，小小很喜欢唱歌，一走进包厢，她便率先抢到了话筒，点了一首自己喜欢的歌，和小林一起唱了起来。

唱完之后，自我感觉良好的小小兴奋地为自己鼓起掌来，那自信又有活力的样子，引得不少人哈哈大笑。

可小小妈妈看到了，却吐出一句：“人家小林唱得多好啊，确实该给她鼓鼓掌。”

小小听了妈妈的话，瞬间变得安静了，之后，再也没有拿起话筒唱歌。

在一些父母看来，承认自己不及他人，以谦恭之心去对待他人才是正确的为人处世之道。所以他们总会以刻意贬低自己的方式去进行人际交往并理所当然地将这种方式也用在孩子身上。

“谦逊”是种美德，这是毋庸置疑的，但是以打击孩子积极性，削弱孩子自信心为后果而刻意表现出来的并不客观的谦逊，是否有必要呢？

除了上面两盆冷水，还有一盆我们更熟悉的冷水，叫作“挫折教育”。

在孩子兴奋于自己的获得，骄傲于自己取得的成就时，给他们当头棒喝，告诉他们社会是残酷的，比他们优秀的人有很多，不要沾沾自喜。

每个孩子的生命里似乎都会存在一个非常强劲的对手，叫作“别人家的孩子”——他上学时成绩优秀，工作时前途光明；他长得好，人缘好，样样都好；他会做饭，会家务，会八门外语……

这样一个不存在的人，在父母的运筹帷幄下，常常压得孩子喘不上气来，即使是本身非常优秀的人，也不能幸免于此。

有个曾经在学校里被称为学霸的年轻人回忆说：

记得有一次，他拿着考了九十九分的卷子回家，想要跟父母分享他的快乐时，父亲看都没看一眼，不屑地说：“九十九分你就以为很高了，能考满分的人多得是，别人考一百都没说什么，你有什么值得炫耀的？”

印象里，自己不管考多少分，父母都没有高兴过，更别说有奖励了，他不明白父母为什么要这样，好像巴不得自己难受一样。这让他一直觉得父母是不希望自己开心的，所以即使是现在，他回到家里也会马上变得阴沉起来，不会主动跟父母交流。

在外人面前不给孩子面子，对孩子的兴趣爱好或目标一味打击，用家里的经济条件来给小孩增加负担，开不经意的恶劣玩笑……总有些父母，在想方设法地让孩子不开心，还美其名曰给孩子“还原现实的残酷以锻炼他们的心理承受能力”。

而事实却是，孩子非但没能从这样的教育中得到锻炼，反而因此变得不敢幸福，不愿跟父母交心了。

某个问答网站上有这样一个问题：成长过程中是什么导致了孩子不愿再跟家长沟通？第一个回答就是，父母的泼冷水式回应。

做了想要跟父母分享的事，得到的却只有“冷水”，让我们还哪敢跟你们说什么？

我们理解父母想让孩子具备强大心理素质的期望，但是通过这样的方式，并不能让孩子感受到你的用心，只会让他们觉得父母是不爱他的，是不在乎他的感受的，是不希望他获得幸福的。

这种情况下，还怎么让孩子跟你说心里话，还怎么让孩子在你面前展现出真正的自己？

你可以希望孩子能在挫折来临时勇敢面对并坚强度过，但不应该把自己承受的痛苦嫁接在孩子身上，不应该人为地制造困境使他们遭受更多的折磨。

这种“伪挫折教育”，非但不能提高孩子的逆商，更有可能给他们留下心理创伤。

我认识的一位阿姨，就是一个将所谓“挫折教育”运用得炉火纯青的妈妈，她的女儿深受此折磨。在我的印象里，表妹很少得到阿姨的夸奖，不管她做了什么，阿姨总有一堆打击的说辞在等着她。

印象最深的一次，是表妹高二那年参加学校组织的主持人大赛获得了一等奖，当她捧着奖杯兴高采烈地回家想跟父母分享这一喜讯时，阿姨却没好气地说道："整这些有什么用啊？你能不能把心思都用在学习上？"

我看见表妹本来笑得很灿烂的脸瞬间僵住了，片刻后，悻悻离去，那背影有着说不出的落寞。

那件事情之后，阿姨觉得表妹学习不够努力，敲打得就越发严重了，不管表妹成绩如何优异，她都会把“不要高兴太早”挂在嘴边。

后来，表妹大学毕业后，就留在了大学所在地工作定居，无论阿姨怎么要求她回去，她都不肯，阿姨就让我去劝劝她。

我们聊起她不想回去的原因，就提到了主持人比赛那件事，表妹告诉我，很长一段时间里，她总是会莫名的不开心，或者说不敢开心，一察觉到自己有高兴的苗头，她就会下意识地将其压制下来。

我想，大概是阿姨善泼冷水，在某种程度上，剥夺了表妹的成就感与幸福感，也差点让她失去了幸福快乐的能力。

父母对于孩子快乐的打击，本质上就是一种精神“囚禁”。出于血缘和亲情的关系，孩子对于父母是极为在意的，但也正是因为太在意，当父母对他们做出一些“破坏性”的举动时，伤害也会加倍。

如果父母总是在孩子高兴时泼冷水，不仅会削弱孩子的自尊自信，也会让他们形成这样的认知：或许我根本不配得到快乐，我是不应该获得幸福的。长此以往，孩子的内在就会被严重破坏，一旦他们感受到一点儿快乐的情绪，随之而来的就是更多的焦虑和担忧。

父母泼进来的冷水并没有让孩子的内心变得坚固遒劲，反而一点点腐蚀了它们的根基，让它们变得脆弱易碎。这也是为什么，有的孩子会因为一点点小事就崩溃，就抑郁，就做出极端行为。

现实已经有太多残酷，父母就不要再想方设法地泼冷水给自己的孩子了，相比于泼冷水带来的负面情绪，孩子更需要的是有建设性的引导和支持。

一位妈妈正在厨房洗碗，她6岁的儿子走进来，在旁边蹦蹦跳跳，妈妈问：“你在干什么呀？”小孩说：“我要跳到月球上去。”妈妈听了之后笑着说：“真是个不错的主意，不过，你要记得回来吃晚饭啊！”妈妈的这句话深深地印在了小孩的心里。

多年后，小孩真的“跳”上了月球，他就是登上月球第一人阿姆斯特朗。

返回地面时，记者问他现在最想做的事情是什么。阿姆斯特朗答：“我想对妈妈说‘儿子从月球上回来了，我会准时回家吃晚饭’。”

后来阿姆斯特朗在回忆录当中写到，他所有的成绩都是由于母亲的鼓励和认可。

我们不能说阿姆斯特朗的成功就是因为母亲的那句话，但是他的畅快人生的确离不开妈妈的积极回应和支持。就算他没有如此耀眼的成功，我们也有理由相信在这样的妈妈的引导下，他一定会是幸福和快乐的。

让孩子变得更坚强更勇敢更积极向上的永远不会是打击和诋毁，而是爱，是赞美和鼓励，是支持与认可，是与父母亲密无间的关系，是与爸爸妈妈无所顾忌的交流。

唯有孩子心底里布满阳光，他才能真正敢于直面风浪。

所以请别在孩子兴奋时泼冷水，别在他享受成就的时候进行打击，而要告诉他，她的本子很漂亮，他的魔术很好看，她唱的歌很好听，就算他做得不够好，你也会很爱他。

要知道，在孩子的成长过程中，永远不会缺少挫折，他们缺少的是一对能站在他们这边和他们一起面对困难、一起开怀大笑的父母。

呵护孩子的内在生命力

我想起曾经看过 NBA 球星科比的一个访谈：

主持人问科比小时候打篮球的经历，科比笑着说："我记得11岁的时候，跟很多小伙伴一起玩，最后我一个球都没进，得了0分。"

主持人诧异："0分？一个都没进？那你后来是怎么调整状态的？"

科比说："我记得那天，我特别伤心，我告诉爸爸我打得特别烂，可是爸爸却很认真地告诉我，'儿子，你听着，不管你得了0分、60分还是多少分，一点都不影响爸爸爱你。'就是这句话，让我从此不再惧怕失败，能够全身心地投入每次的训练和比赛中。"

很多父母都觉得给孩子前进的动力和生活的热情的话语应该是"爸爸妈妈希望你如何如何""如果你不这样，你的人生就完了"等，但其实真正让孩子充满勇气和信心的，只是简单的一句"我爱你"。

不否认，适当的压力是必须的，但是前提也是要有爱。因为知道有人爱，所以才更敢展现自我；因为知道不会被抛弃，所以才更会全力以赴；因为知道身后有可靠的肩膀，所以才更会勇往直前。

在这里想讨论一个词语，叫作蜷缩，蜷缩的本意是指身躯蜷曲紧缩，也可以延伸出来“小心翼翼，唯唯诺诺的姿态”，现实中的很多孩子就是这样的姿态。

“蜷缩”着的孩子们，遇事常常瞻前顾后、犹豫不决，不敢表达自己的想法和要求，不敢追求自己想要的东西，总是非常在意别人的看法，不能客观看待自己，即使他看起来很优秀很阳光，内心也是充满着恐惧和担忧的。

导致他们形成这种状态的最大原因，正是感知不到自己被坚定地爱着。

伟大的物理学家爱因斯坦，在给女儿的一封信中，曾满怀深情地写道，爱是宇宙中最伟大的力量。他说：

> “当科学家们探索宇宙时，他们忽略了这最具威力却看不见的力量。这力量就是爱，它把我们拥有最好的东西又加倍变得更好，它使人类不会因无知、自私而被毁灭，他可以解释任何事情，并赋予生命之意义。”

爱让人的生命充满生机，也能化腐朽为神奇。当然，这“生机”或是“神奇”都不只是外在，而是指人的生命力，指人内在的向上力。

我曾见过这样两个女孩，一个是周围人羡慕的对象，人长得漂亮，工作也体面，不乏追求者，但她却并不快乐，也不敢接受任何人的示好，每天都在忧虑各种各样的问题；另一个是看起来很普通的人，长相普通，工作普通，所有的一切都没有出彩的地方，但她却每天都很开心，总是会发现生活中的各种小美好，她永远是在笑的，即使是遭遇了挫折、困难的时候。

为什么呢？因为那个优秀的女孩她从来没有感受到过真正的爱，她感受不到自己的价值，她心底里最根基的部分是空缺的，这种空缺就是父母之爱以及这种爱带来的一系列。

人的一生中，会遇到各种各样的爱，父母之爱、同学之爱、师生之爱、同事之爱、伴侣之爱……但是对人影响最大的只有父母之爱，甚至可以说，父母之爱是其他一切爱的基础。

一个人只有在幼年时真切地感受到父母之爱，才能发展出爱人的能力，才能真正体验到爱的力量，收获一个充满生命力的人生。

可能有的父母会说，哪有父母不爱自己孩子的啊，孩子怎么可能缺少父母之爱，即使有这种情况，那也是极少数，大多数父母都是爱孩子的，为了孩子恨不得拿出自己的一切。

的确，很少有父母不爱自己的孩子，但事实上，也很少有父母懂得如何去爱孩子，父母自认为的爱和孩子能感受到的爱，并不是一回事儿。

家长们一定有过这样的经历：

你忙前忙后地准备了一桌子有营养的菜，孩子却吃得很勉强；你想听孩子说一说他在学校里的情况，可他却不耐烦地把你推出了房间；你以过来人的身份给孩子为未来提了很多建议，可他却左耳朵进右耳朵出。

于是，你百思不得其解，为什么我这么爱他，他却总是拒我于千里之外呢？这就是因为他没有感觉到你的爱。

你为了孩子的健康，准备了好多有营养的菜，却忽视了他的口味偏好；你心血来潮想要了解在学校的他，却忘了前几次他主动跟你分享时，你用冷漠的态度作以回应；你只顾着说自己的建议，却忘了倾听他的想法……

简单地说，你费尽全力给的，并不是孩子想要的。你站在自己的角度，觉得自己为了孩子什么都愿意去做，什么苦都愿意去吃，是无私的不计回报地爱着他们，但从孩子的视角看，你的爱却绑定了各种各样的条件。

即使他知道父母很爱他，但是他从父母的爱里感受到的压力、失落多于安心、快乐，那么，这样的爱还能叫作“爱”吗？它本质上和不爱没什么差别，因为孩子是感受不到的。

那么，什么样的爱，孩子才能感受得到呢？没有标准答案，但有一个共通点，那就是呵护孩子的内在生命力。

前两天，一个同事发了个朋友圈，说他在路上遇见一个阿姨，阿姨主动打招呼跟他聊天，想把自己女儿介绍给他认识，结果就在聊到有没有房子时，阿姨马上“撤退了”，原因自然就是同事还没有买房。

同事觉得这样的经历蛮有意思的，就发到了朋友圈，在一众调侃式的评论中，有一句这样的话：儿子，让你受委屈了，这个周末和我跟你爸爸一起，咱们去看房子吧，你想买多大的呢？一百平够吗？

这是同事的妈妈给他评论的，听他说到这，我们纷纷投来不可思议但又羡慕的目光："你发这样敏感的事在朋友圈居然不屏蔽爸妈？""你们家可真有钱啊！"

同事说："什么呀，咱们谁不是普通家庭的孩子啊，我妈这是爱我。"

说实话，我很少听到有人以一种非常幸福的表情说这样的话：我的妈妈很爱我，尤其是在我们这样的年纪，因为通常这句话说出来时，伴随的都是无奈。所以，我很想知道他的妈妈到底是怎么爱他的。

同事说："从小到大，父母把能给我的全都给我了。我穿的用的，从来不比周围的同龄人差，更重要的是，他们能够设身处地地理解我，我想做的事情，他们从来不会一股脑地否定。毕业这些年，我做过记者、做过编辑、去过网络公司、去过金融公司，我做什么都是三分钟热度，不喜欢就换掉，但是父母都是毫无保留地支持我，让我自由地选择我想要的生活，只要我有合适的理由，只要我觉得这是值得的，他们从来不会拿所谓的铁饭碗、别人如何如何、安稳的生活来压制我。我的父母没有给过我压力，他们给我的只有爱和勇气。"

他接着又说："这些从一件很小的事情中就能体现出来，我想起刚上大学那会儿，有一次我带笔记本电脑回学校，因为粗心，电脑在车站被人顺走了。我马上告诉了妈妈，很快收到了妈妈的短信：知道你丢了电脑，妈妈哭了，不是心疼电脑，是心疼儿子你，怕你丢了电脑难过，怕你因为丢了电脑在车站里不知所措。我永远记得这条短信，永远记得父母有多爱我，他们对我的爱从来如此，从未改变。"

听完他的话，大家陷入沉默了，每个人都若有所思。而我，终于知道了这位同事身上那股旺盛的生命力，那种对生活积极乐观的态度，那样敢于尝试一切的勇气来自何处。

精神分析学派的心理学家弗洛姆说："真正的爱是在对方身上唤起有生命力的东西。"父母对孩子的爱也是如此，也只有这样的爱是能让孩子真切地感受到的。在这样的爱里生长的孩子，他不会为达到别人的期待就放弃自己的追求，不会为讨好别人而委曲求全，不会什么事情都放在心里默默承受，不会患得患失，不会过度忧虑，他想要的他就会勇敢去实现，他不想做的会马上说出来，他受到了委屈痛苦会用积极的方式去释放。

这样的孩子的人生可能不会十分如意，但却是洒脱自如的，即使不是一马平川也是酣畅淋漓的，就算不会成功闪耀，但也是幸福快乐的。

第三章

降低期望，让孩子变得更优秀

父母的爱原本应该是世界上最美好的情感，却常常因为父母的用力过猛，演变成一个家庭的灾难。

“我这是为你好”≠科学的爱

美国教育家泰曼·约翰逊曾说：“成功的家教，造就成功的孩子；失败的家教，造就失败的孩子。”

全天下的父母，都希望自己能给孩子最好的教育。然而，如果家长的教育，用力过猛或失之偏颇，很有可能走向反面。

但很多家长却从来不会反思自己的问题，秉承“天下无不是的父母”的观念，将自以为“好的教育”施加在孩子身上，如果孩子出现了问题，还会把责任归咎于孩子，因为他们觉得，只要我爱你，我做什么都是为你好。

家庭教育离不开爱，但只有爱，却是教不好孩子的。比不爱孩子更残忍的父母，就是打着爱的旗号尽情伤害孩子的父母。很多已经发生的家庭惨剧，值得我们警醒。

就在高考完不久，姑妈的女儿小班就自杀了。

回想起和表妹相处的种种，好久不上QQ的我点进了她的空间，打开一看，映入眼帘的都是对父母的“控诉”。

“又在玩，还不去练钢琴，别人家的女儿都钢琴八级了，看看你，让妈妈的面子往哪搁”；“别跟那些不三不四的朋友交往，他们都把你带坏了”；“你穿的都是什么衣服，一点都不端庄，穿我给你买的这件”；“高考报计算机专业吧，挣钱多，不行就去当老师，听爸爸的，我这是为你着想”……

爱子心切的姑妈和姑夫，害怕小班以后的人生充满坎坷和痛苦，于是本着为女儿未来负责的态度，帮她制订了一系列的计划，并以打击、命令等强迫的手段让小班按部就班地执行。

他们总以为，如果小班能遵照他们的想法去过完这一生，一定会衣食无忧、幸福非常。但没想到的是，小班人生里所有的坎坷和痛苦，正是他们的这种想法，这种自以为是的爱带来的。

毋庸置疑，上面案例中“姑妈姑夫”一系列行为的出发点是爱，正是因为爱孩子，他们才会这样事无巨细地为孩子打理一切，计划一切，但孩子非但没有感受到这种爱，反而将这视为痛苦，深受其害，最终导致了悲剧的发生。

“我这是为你好”，是标准的中国式父母的口头禅，不论什么样的事情，只要孩子的想法与自己发生冲突时，父母就会用这句话狠狠地压制住孩子，觉得自己不管用什么手段，都是爱孩子的，是为了孩子好，孩子这时候不明白不要紧，长大了自然会懂，重要的是先照着自己的意思去做。

这种就是“控制型”教育的典型表现，也是最容易对孩子造成负面影响的教育方式，因为“控制型”教育往往离不开社交隔离、贬低指责、经济把控、情感绑架几个方面，会把孩子封闭在一个极为压抑的狭小空间中。

心理学研究表明，父母过度控制孩子，不仅会造成孩子抑郁、焦虑、怯懦、做事拖延、回避，甚至还会发展成为抑郁症、强迫症等心理疾病，严重时就会出现自杀行为。

在众多的事例面前，父母们是不是应该好好想想，你总说是为了孩子好，但孩子真的好了吗？父母爱孩子天经地义，但是超负荷的爱，对于孩子来说，就是伤害，

事实上，“控制”并不是什么十恶不赦的教育方式，而它之所以会给孩子带来如此重大的伤害，就是父母们没有正确利用。

在家庭教育活动中，“父母控制”是家长常用来管理孩子的方式。父母控制由多个维度和要素构成，有多种模式分类，但目前倾向于分为两种，分别为心理控制和行为控制。

心理控制是指试图控制孩子的情绪和心理，抑制或妨碍独立感发展的父母行为，主要包括限制孩子自我表现、收回关爱、引发内疚等。如有的父母对孩子两副面孔，若孩子按照他预期的去做，就会笑脸相迎，关怀备至，一旦孩子违逆他的意愿，就马上变脸，实施冷暴力；有的父母十分擅长“孝顺绑架”，当孩子不按照自己的要求去做时，就会用“不孝”“为了你我受了多少苦，牺牲了什么”等说辞让孩子愧疚，进而让他们顺从；有的父母甚至会用自扇耳光、闭门绝食，甚至假装自杀的方式，妄想让孩子遵从自己。

行为控制是指试图管控和管理孩子行为以及在物质世界中活动的父母行为，如通过制定规则和施加限制来控制孩子的自由，包括规定回家的时间、外出需要得到允许等。

一项有关父母控制测量的研究显示，父母心理控制容易引发青少年不良的发展结果，如受到情绪困扰、消极的自我评价，而适当的

行为控制则能诱发青少年适宜的发展结果，如减少违纪行为，但过度的行为控制也可能导致儿童更多的情绪障碍。

在上述“表妹小班”的例子中，表姑父母所擅长的就是心理控制，并且行为控制也非常不恰当，如过度干预小班与同龄人交往等。

父母可能无法感同身受，在这样的教育下，孩子内心是非常痛苦的，会时常感到生活无望，活着没有意思，这也是为什么“小班”会选择结束自己的生命。

那么，怎样的控制才是合理的呢？

首先，一定不能使用消极的心理控制，家长不要觉得“孝顺绑架”“打击诋毁”这样的招式很管用，就频繁使用，否则就会对孩子的心理造成不可逆的严重创伤，甚至成为一生的阴影，即使后来不再对孩子进行心理控制，他的行为也会在无形中受到影响。

积极的心理控制是可以适当使用的，所谓积极的心理控制就是通过某些言辞、行为调动起孩子的热情和积极性，让他能够和父母达成共识，从而依照父母的期待行事。

在音乐之都奥地利，父母带孩子们去听音乐会时，会为他们穿上隆重的礼服，妈妈会为女儿挽一个漂亮的发型，爸爸会亲自为儿子打领带，这样隆重的装扮，会让孩子意识到事情的重要性，因此在听时格外认真专注，也更容易沉浸到音乐中。

上面的案例就可以看作是一种积极的心理控制，父母通过“隆重装扮”这一行为给予孩子积极的暗示，让他们不自主地按照父母的期望认真听音乐。这一过程没有强迫没有控制，但是父母还是获得了自己想要的结果。因此，在很多事情上，父母都可以这么去做，当孩子与父母的想法产生分歧时，营造出美好的场景让孩子产生期待感、让孩子感受到父母的用心和重视，或许会比命令强迫的方式有效得多。

其次，行为控制也可以好好利用，比如上网时间、娱乐时间、社交时间等，这又跟时间管理扯上了关系，建议父母们可以选择这方面的书籍来看，和孩子一起好好规划他的时间，以此来规范他的行为。

但是在衣食住行方面，依据孩子的自理能力，家长能放宽松尽量就放宽松，可以给建议，但不要强迫。

有的父母可能会问，如果父母的想法跟孩子不同，但父母又明确地知道孩子的那种想法是不合理的，这又不能强迫，又不能心理控制的，那该怎么办呢？

对于这一点，我想说的是，有些模棱两可的问题，孩子的选择不一定是错的，而家长根据自身经验做出的判断也不一定就适合孩子的处境。对于是非分明的问题，如果会造成严重后果的，比如会对他人造成伤害的、危害社会安全的，父母完全可以强制阻止孩子，甚至使用“棍棒教育”；倘若只是一些平常的事情，父母可以给出建议和后果提醒，如果孩子还是坚持自己的想法，那么就让他承担自己该承担的后果。

在这里需要强调的一点是，“棍棒教育”并不过时，关键看你如何使用，记得之前有个新闻，一个熊孩子为了好玩推了自己怀孕的小姨一把，害的小姨差点流产，熊孩子爸妈知道后，直接来了一个“混合双打”。

也就是说“棍棒教育”要分事情的轻重，不能大事小事一概来用，并且一定要让孩子知道他错在什么地方，造成了什么严重后果，还要给予一定的“打后心理慰藉”，否则孩子就会被“打疲”，也会被打出心理问题，我们所反对的“棍棒教育”就是如此。

父母过度的爱，除了控制型，还会表现为“纵容型”。

之前，有一个“70岁阿婆奔走街头为儿子找工作”的新闻登上微博热搜，让人看后不禁唏嘘。

70多岁的李阿婆，每天都奔走在街头，不断找路人搭话。希望他们能为她儿子找一份工作。

李阿婆是印刷厂的退休工人，老伴已过世，剩下她和一个四十多岁的儿子相依为命。本来，李阿婆这个年纪该是儿子赡养她，可如今，她的儿子根本没有工作，母子俩就靠着李阿婆每个月3000元的退休金生活。

面对记者的询问，李阿婆无奈地说：“他已经二十多年没有工作了，之前干过一段时间保安，后来又不做了，他不做我能有什么办法？”

我所认为的“溺爱”并不只是那种表现为“衣来伸手饭来张口”的形式上的过度宠爱，更深层次的问题是不给孩子设置自我行事的边界，剥夺了他们为自己命运负责的权利，让他们没有在合适的年纪获得应该具备的品质，锻炼出应有的能力，因而在将来也无法对自己负责。

法国教育家卢梭说：“你知道运用什么办法，一定可以使你的孩子成为不幸的人吗？这个方法就是对他百依百顺。”

不过，被纵容的孩子相比于被控制的孩子，实际上还有一点“优势”，那就是他所有的问题都是直接暴露出来的，他活得非常自我，往往是自己怎么舒服怎么来，很少会顾忌别人怎么想，也很少会感到纠结痛苦。

被控制的孩子，他的想法是被压抑的，需求是被忽视的，尤其是精神世界，是被父母过度侵占了的。而被纵容的孩子，他想怎么样就怎么样，虽然很多品质和能力没有得到锻炼和完善，但他的精神世界是无比完整且强大的，他有着明确的自我。

如果非要在这两种教育方式中做个评判，我反倒觉得“纵容型”教育要好于“控制型”，因为不管怎样，孩子是快乐的，是真实的。

当然，这两种教养方式我都是不提倡的。我想让父母们明白，“我这是为你好”并不等于科学育儿，爱的确能跨越一切，包容一切，但却并不能解决一切问题。

记住一点，在教育中，所有的一切都要适度，夸赞要适度，责骂也要适度，控制要适度，宠爱也要适度，少许的“打击”也是需要的，而鼓励不可或缺。

优秀的孩子≠听话的孩子

中国式父母很多都对“听话”“乖”有着无以言表的执拗，总觉得小时候“听话”的孩子长大了才能取得成就或生活得更好。

父母以“听话”为夸奖孩子的最高赞誉，谁家要有个听话懂事不让大人操心的乖孩子，简直就是中了大奖的人生赢家，会迎来周围邻居、朋友的羡慕。

可“听话”的孩子真的这么好吗？他们长大了就一定会优秀吗？

答案是，不见得。有太多的事例表明，太听话的孩子反而更容易出现问题，甚至太听话的孩子长大之后常会过得不幸福。

太听话意味着没主见，没主见意味着不会独立思考，而不能独立思考的人往往会随波逐流，迷失自我，浑浑噩噩地度过一生。

太听话意味着习惯看别人脸色行事，而忽略本身的需求，不敢轻易拒绝别人，无法专注于自己的事情，这样的人往往会因为太过压抑自我而痛苦，但又无法轻易改变。

太听话往往意味着没有创新的意识，也缺乏创造的思维，即使有也不敢提出，只会按部就班、规规矩矩地生活、工作。

这是怎么一回事呢？在父母的规划里、愿景里，听话的孩子应该是积极努力、学习优秀，一路高歌猛进，最后名校毕业找到心仪又体面的工作，甚至取得更高的成就，开启真正的幸福人生。

因为，听话并不是孩子的本性，更多的是不敢不听。

一位网友因为网易云音乐《童年》下面的一个热评留言而热泪盈眶——

大街上，有个小男孩吵着要买棉花糖。

妈妈指着他手里的小糖人，说："刚买的孙悟空还没吃呢，怎么还要？"

小男孩不听，赖在原地，非要买棉花糖不可。妈妈没办法，只好同意了。

小男孩终于拿到了棉花糖，开心地对小糖人说："大圣你看，你的筋斗云来了！"

看完这个不到百字的故事，我竟然泪目了，因为想到了小时候的自己，从来不敢这么任性。

从小，我就被教育要"听话"。"听话"是什么呢？听话就是不能哭着喊着要自己喜欢的东西，是玩的时候要让着比自己小的弟弟妹妹，是努力学习不让爸爸妈妈操心，是体谅父母的难处……

当我这样做的时候，爸爸妈妈就会很高兴，亲戚朋友也都会夸我，渐渐地我就习惯于克制自己的欲望，自己给自己洗脑：这个太贵了，不能买；爸妈很辛苦，我不能再添乱……

我见过一言不合就要和别人绝交的同学；见过哭天抢地非要父母买最新款手机的小孩；见过理直气壮地要求男朋友为自己

买这买那的女生。

很多词可以用来形容他们：自私、任性、不懂事。我不知道他们做得对不对，但清楚地知道，如果是我，我不敢这么做。

我不敢和别人吵架，不敢让爸爸妈妈买我很喜欢的东西，不敢对男友随意撒娇，不敢在公交车上看到老人站着不让座……不敢自私，不敢任性，不敢不懂事。

太听话的孩子，也只是个孩子，他们怎么会无欲无求，怎么会不犯错，他们只不过是为了获得爱，为了获得称赞，在用力地压抑着自己的需求，在自我牺牲甚至自我遗忘。

这就导致他们对自我这件事非常迷茫，分不清自己和别人的边界是什么，这种模糊的边界感会让他们缺少原则和底线。

这样的孩子随着年龄的增长，会出现更多的问题，那是长期的压抑和模糊的自我间碰撞而出的产物，通常表现为不想做某件事但又不敢拒绝的怯懦、因为害怕惹别人不高兴的敏感、因为既不敢违背父母意愿又不想放弃自我追求的内耗……

这样的孩子或许原本可以有更好的人生，却在父母和亲近之人的左右下，错过了一次又一次的机会，最后泯然众人。太听话的孩子，他的人生，往往拘泥于父母的格局，如果父母的一生就是碌碌无为的，孩子也不会好到哪里去。

这样的孩子很大程度上不会成为常人眼中的“优秀者”，即使能，他们生活得也不会很快乐幸福。并且在长大成人之后，他们还可能迎来“晚叛逆期”。

从小被夸到大的表哥，在大学毕业后，突然像“变了一个人”，没少被表姨父母口诛笔伐。

在我的印象里，表哥一直是细声软语的乖乖仔形象，小时候，我们在一块玩，表哥永远不会跟我们吵架打架，有什么好吃的好玩的也都让着我们，他的作业都是主动去写，学习成绩也好。

听话懂事的表哥一直以来都是表姨父母的骄傲，每次我们大家族聚在一起时，表哥都是受称赞最多的那一个，表姨父母总是笑得合不拢嘴。

事情的转变，发生在表哥即将大学毕业的时候。

表姨父母希望表哥能够毕业之后考公务员或者老师，找一份稳定的工作。可表哥有自己的想法，但表姨父母早已经习惯了表哥的听话，听表哥说完，想都没想就拒绝了。这一次，表哥没有选择听从，而是跟父母大吵了一架，最后甚至以断绝关系来威胁。显然，如果单是因为这件事情，表哥的情绪不会如此激动，挑起他愤怒的更多的是以往种种“听话”的经历。

从这之后，表哥就完全变了，从前对表姨父母“言听计从”的他，现在彻底“放飞了自我”，他说自己不要再生活在父母和社会的“内卷”下了，他要做真正的自己，人生苦短，何必还要自寻烦恼呢？

如今的表哥再也不是众人心目中的乖乖仔了，和表姨父母的优秀孩子也相去甚远，也因此没少被表姨父母唠叨教训，但表哥却跟我说，他觉得现在这种状态非常爽，以前要装着很乖，要讨很多人欢心，实在是太累了，尽管得到过很多称赞，但快乐的时候其实很少。

上述例子中的表哥在成年之后突然迎来了“叛逆期”，变得我行我素，这正是长期压抑本我后产生的过度放纵。

这种现象是很普遍的。提起叛逆，父母总会将其视为“洪水猛兽”，唯恐避之不及。事实上，对于总被要求听话的孩子而言，叛逆是他们生命历程中一个必不可少的阶段，是一种自救的途径。

为什么这么说呢？

太听话的孩子，他的本我（真实的自己）和超我（理想的自己）是分裂的，因为理想的自己是父母希望他能表现出来的样子，而不是他自己想要的。作为人精神的两个部分，如果本我、超我一直处于对抗之中，人就无法建立起自我认同和独立强大的内心，因为这种情况下，人格是分裂的、破碎的。而没有叛逆过的孩子，实际上就一直处于这种状态中。

叛逆的作用就是让本我与自我通过强烈的斗争最终达成和解，这也是为什么小时候那些特别叛逆的孩子，长大后反而不叛逆了，还过得很好的原因。而从小很乖很听话的孩子，很可能在长大后的某个时间突然变得叛逆，就像“表哥”一样。

因为小时候那群乖巧、优秀的孩子，长大后多深受情绪、心理问题的折磨，常常陷入纠结痛苦中，他们的心理承受能力和抗打击能力往往比那些从小就大大咧咧、调皮捣蛋的孩子弱得多。

当然，这并不意味着不听话、叛逆就是好的，是应该被鼓励的。

现在有些家长也“醒悟”过来了：太听话的孩子，长大可能没出息，然后便一味放宽管束。这也是不对的，不受管教，完全不听话的孩子，很有可能成为问题少年。孩子毕竟年幼，缺乏社会和生活经验，如果不加以约束很容易误入歧途。即使是叛逆（自我和解和救赎）的过程，也需要得到父母的理解和帮助，否则，叛逆过了头也会带来不好的后果。

管得多、太听话不行，不管、不听话也不行，那该怎么办呢？

这说起来其实不难，但是真正做起来也不简单，关键是父母要分清哪些该管哪些不该插手，哪些事情可以强制孩子听话，哪些事情要接受甚至听从孩子的建议，并且对待孩子要“从一而终”，不能把亲子之爱作为提要求的筹码。

在允许孩子有些不乖方面，有一位妈妈分享了自己教育孩子的一些经验，其中一个片段非常适合解释这一点：

曾经女儿还小的时候，我给过她一杯红心火龙果汁，那时候她完全对这杯东西没有概念，也不知道该怎么吃怎么喝，结果她就用了各种方法，包括往身上倒、用手伸进去抓等。最后的结果就是，女儿整个人连带着衣服全部变成了鲜艳的火龙果色。

可能，看到这里的家长会觉得这简直太崩溃了，会疑惑我为什么不在旁边看着以便随时制止她帮助她。

其实，整个过程我都在旁边默默地看着，但我从未想过要阻止她，我并不觉得这是让人难受的，相反，我觉得很有趣，孩子探索新鲜事物的过程比想象得更加美好。

当然了，我也有崩溃的时候。比如前两天，女儿看了一个网络绘画教程，她兴致勃勃地跟着画，到上色环节时都有点亢奋了。

她把整个手掌涂满颜料在纸上印，后来感觉不过瘾，又把颜料直接挤到纸上，用手抹开，然后再拿一个颜色挤在抹开的色块上，接着，把一整杯水倒到画纸上，再用湿纸巾把水擦开。

这样的操作导致的结果就是，我的整个画板、画桌甚至地面，全是红色配蓝色以后混成的深紫色。

当时，我收拾的时候恨不得把女儿画的那幅画扔掉，但仔细看了看，我就改变了想法，也不是很生气了，因为她画得很有创意，更重要的是，我想起来孩子那天真的超级开心。

有时候，真的可以允许孩子有些不乖，那是他们的天性，是他们探索世界的印记，也是他们快乐的源泉。

我想，大多数家长如果遇到上述妈妈所说的任何一种场景，都会忍不住教育孩子，让孩子不要怎样怎样，而要怎样怎样吧。而这位妈妈非但没有批评孩子，还津津有味地欣赏孩子的“杰作”，这正是保护孩子天性的表现。

有的时候，孩子的不乖正是他们天性的流露、创造力的展现，这种情况下，不去破坏他们正在进行的事，就是最好的教育。

说到这里，我们可以引出来另一个话题，就是家长说话孩子不听时，要搞明白他“不听”的背后原因，如果孩子是因为创造性的想法、自我的表达而不听，父母就没必要强求。比如你想让孩子吃苹果，但他更爱吃香蕉，比如你想让他考教师，但他更想进行游戏开发，并有充分的理由，你就尊重他的意愿就好了。

允许孩子的不乖，还有一个作用就是能发现孩子存在的问题。

还是上文例子中的那位妈妈，她提出了一个疑问：孩子为什么要很乖很听话？

她说，在我看来，孩子只有把不乖、不听话的一面暴露给家长，当家长的才好判断孩子哪些方面需要修剪掉，免得危害社会。

如果孩子不是当着自己父母的面把错误犯出来给父母纠正的话，到别人面前犯错误，岂不是会被别人收拾？

孩子不乖不听话的时候，也正是暴露问题的时候，比如有的孩子就喜欢故意不听话来引起父母注意，所以孩子不听话不要一味地烦恼，找出问题更重要，他是不舒服了还是觉得爸爸妈妈不关心自己，或者在人际交往上出现了问题，这些都要搞清楚。

那些为孩子不听话而烦恼的父母，要的就是孩子绝对服从，但绝对服从只存在两种人手中，一是暴君，二是掌握生杀大权者，可这两种模式下教育出来的孩子，真的会优秀吗？

内疚式教育，用不好会适得其反

今天的微博热搜上，出现了一个名词叫“内疚式教育”。什么是“内疚式教育”呢？就是父母在教育孩子的过程中，给孩子传递一种“为养育他们让父母非常辛苦”的观念，让孩子从心底感到内疚。

有个经典的“吃鱼”的故事，很直观地解释了这种教育：

> 每次吃鱼，妈妈总会吃鱼头，让孩子吃鱼身。临终前，妈妈却告诉孩子，其实妈妈并不喜欢吃鱼头，只是为了把鱼肉都留给他。

一般情况下，这个故事是作为“歌颂母爱伟大”流传的，的确，这浓厚的母爱是值得歌颂的，但是其中蕴含的教育方式却是不得当的：母亲为了孩子吃了一辈子鱼头，委屈了自己一辈子，末了，还要让孩子内疚，这是何必呢？并且这种教育也让人对母爱的无私产生怀疑——如果妈妈看到孩子吃鱼肉就已经满足，为什么还要在最后告诉孩子真相呢？

然而，这种教育却是很多父母都爱用的。

朋友小艺就深受这种教育的困扰。小艺有一个总是以“牺牲者形象”自居的妈妈。

读书的时候，小艺的妈妈跟小艺说得最多的话就是：“我和你爸爸这么辛苦，我们愿意这样吗？还不都是为了你啊！”

在她看来，自己节衣缩食，不买新衣服是为了小艺；丈夫外出到很远的地方打工赚钱是为了小艺；外婆挺着不太利索的身子买菜做饭，也是为了小艺。总之，所有的一切都是为了小艺。

妈妈这样的说辞，让小艺产生了强烈的内疚感，她觉得父母是因为自己才过得不好，这都是自己的错。而她只有尽百分之百的努力，好好学习，好好工作，才能报答父母的养育之恩，不枉费父母如此辛苦。

可越是这样想，小艺的压力就越大，她很多时候都会焦虑不安，成绩稍有退步，心里就无比自责。也正是因为如此，每逢重大考试，小艺都会发挥失常，最后高考也失利了。

可显然，小艺的妈妈并没有意识到自己的问题，她觉得小艺高考没考好，是她自己不够努力，不够刻苦，于是更变本加厉地使用“内疚感”来操控小艺，试图用这种方式激励小艺有新的作为。

如今，已经工作的小艺依然生活在母亲制造的“内疚感”阴影中，时常感到窒息。

父母为什么会选择这样的方式来教育孩子呢？很简单，他们认为这样就能激发孩子学习、工作的动力，同时也能让孩子对他们产生更深刻的感情。

但是，这种方法是有要求和限度的，并不是随意使用的，也不是越多越好，但父母却往往不顾及这一点，就表现成了小艺妈妈那样。

妈妈惯用的“牺牲者”言论，让小艺不得不将他们的辛苦和不快乐全都归咎于自己，觉得父母是为了自己才会这样不幸福。与此同时，妈妈还将整个家庭的命运和父母的希望全都堆砌在小艺身上，这让她无法客观地面对失败，无法轻松地生活，越是这样，在面对重要的事情时，小艺越是紧张，越是会出错。

而这种状态促使小艺生活在越来越多的内疚之中。因为每当事情办得不好，也不管是不是自己犯的错，她都会把责任揽在自己身上，觉得父母都那么辛苦了，自己却不争气，实在对不起父母，与此同时，在某些时间里，想到自己的窘境，她也会对父母产生埋怨，觉得是父母的情感绑架左右了她的行为，框住了她的思想，导致了她惨淡的人生，于是，就会觉得非常痛苦。

事情发展到这里，结果与父母最初的期望早已南辕北辙，孩子不仅失去了好好学习、工作的状态，也逐渐从心理上疏离了与父母的关系。

可以说，适当的内疚感所促使的行为或许可以使过失有所补偿，但持续的内疚感并不能给彼此带来实质的好处，还会带来一系列糟糕的影响。

对于孩子来说，长期生活在强烈的难以排解的内疚感中，到最后往往会呈现出两种状态：

一是成为一个痛苦的内耗者，二是成为一个彻底的逆反者。

在父母“一切都是为了你”的言行影响下，孩子会产生为父母人生负责的想法，但出于能力不够、对自我追寻的欲望等原因，而导致他们陷入两难的境地，好像怎么样都没有好的解决方法，只能不断地和自己进行斗争，每天都活在纠结和痛苦中。

有一些孩子会一直维持在这样的状态里，不断和自己和解、斗争，再和解，但有些孩子就会受不了，彻底崩溃。崩溃的后果就是与父母彻底决裂，将父母视为仇敌，或者放弃、放纵自己。

还需要提及的一点是，在内疚式教育中，“哭穷”的手段是最为普遍的，同时也是对孩子影响最为不利的。

在《有限责任家庭》这本书中，作者李雪就分享了自己类似的经历：

有一次和妈妈逛街的时候，她想吃巧克力和牛肉干，母亲就给她买了，可回家后母亲却对她一顿指责：“你知不知道这些零食有多贵？我们家又没有钱，你还要吃这么贵的零食！”

这让李雪非常难受，一方面觉得很内疚，另一方面又很委屈，家里没钱可以不给她买啊，为什么要买完后埋怨她呢？

一些父母特别是生活条件不那么优渥的，普遍持有这样的想法，总觉得只有自己一遍遍跟孩子强调生活多么不易，钱多么难赚，家里多么穷，孩子才能理解父母的辛苦，进而发奋图强，将来有所作为。

但作家埃德加·布莱索却说，如果孩子从小就把自己当成一个“穷人”，那么他一辈子都会是个“穷人”。

这种“穷”不仅仅是物质上的匮乏，更指的是思维、格局上的局限。跟孩子哭穷，让孩子过早地感受生活的压力和沉重，小小年纪就要压抑正常的物质需求和欲望，这对孩子来说，是一种桎梏，让他无法更好地感受世界，还会促发他的自卑心，影响他的价值观念。

像《人民的名义》里贪了一堆钱却不敢花的大贪官，像那些为了赚钱可以无限拉低下限的人，像那些看中了喜欢的东西却因为价格太高觉得自己配不上的人，大概也都是“哭穷”教育的产物。

所以，父母们千万不要刻意地用语言或行为加深孩子的内疚感，这并不能达到你想要的结果。父母也许会觉得委屈：我那么辛苦，说一句还不行了？那要是孩子真的不体谅我们的时候又该怎么办呢？

首先，父母要明确一点，亲子之间，并没有谁亏欠谁，也没有绝对的回报反馈机制，你所有的不痛快、不高兴，都是来源于你本身能力和期望的差值，你辛苦工作、努力赚钱也并不都是为了孩子，难道没有孩子你就可以轻轻松松、无所事事了吗？

如果你的回答是“是”，那么再问自己一个问题：你不想这么辛苦，为什么还要生孩子？在你看来，孩子的价值是什么？是带给你幸福和欢喜、让你感受到美好的小生命还是更多的是用来“防老”“获得回报”的工具？

其次，不必时时刻刻标榜自己的辛苦，孩子是能感受得到的。

孩子年龄虽小，却有着强大的感受力，尤其是面对亲近的人，孩子能真切地感受到他们的喜怒哀乐。很多时候，你的付出即使不说出来，孩子也能看得到，更能感受得到。

有心理学家曾在某高校做过一次关于“内疚感”的实验，他们把学生分为了三组，给第一组孩子播放带有“难辞其咎”“有罪”等字眼的短片，给第二组孩子播放带有与悲伤相关词语的短片，给第三组孩子播放的是带有中性词语的短片。

然后，心理学家给所有孩子一张50元的代金券，让他们对如何使用这50元给出选择。结果第二、第三组孩子趋向于把钱花在听音乐、看电影等放松休闲类的消费项目上，而第一组的孩子却趋向于购买学习、生活用品或工具。

实验证明，产生“内疚感”的孩子的确更符合父母所希望的样子，他们会更乖更懂事。也就是说，从父母的角度来看，“内疚感”是能够对孩子起到激励作用的。

然而，以内疚的方式来驱动孩子努力，却是家庭教育中最常见的误区，为什么呢？

因为，孩子是天然爱父母的，出于这种爱，本身孩子对于父母生活的艰辛和不如意，就会自然而然产生一些内疚感，这些内疚感足以促使他们更加乖巧，更加勇敢，更加充满奋斗的力量，更加努力学习。但若父母刻意地引发孩子的内疚感，就会增加孩子的心理负担，削弱孩子的自信心，对孩子的人格形成以及未来发展造成不利影响。

所以，不要妄图使用“引发内疚感”的方式感化叛逆的孩子或者控制孩子的行为，这是非常愚蠢而且没有意义的行为。尹建莉在《好妈妈胜过好老师》中说：

“在习惯养成中，如果经常让孩子有不自由感和内疚感，他就会在这方面形成坏习惯；相反，如果总是制造孩子的主动性和成就感，他就会在这方面形成一个好的习惯。”

简单来说，促使孩子积极努力，富有生机和活力的，只有爱。老话常说“父慈子孝”，而有很多父母却只看到了后半部分，总是强调“子孝”而忽略了“父慈”，但其实这是一个不可分割的整体，父母的慈爱（得当的教育）自然会产生“子孝”的结果，但父母若是以暴力、打击、控制等方式，不仅会破坏孩子的内在，也会导致子不孝，即使“孝”也是心不甘情不愿的。

作为父母，你真的不必把自己塑造成一个牺牲者、付出者的形象，在脑海里将“为了孩子”当成吃苦受罪的第一宗旨，等到自己心情不好、身体不舒服时，再苦大仇深地对着孩子一通牢骚。

这不过是一种自我感动，这种感动会让我们感觉自己拥有了道德筹码，而这些筹码，最终可以兑换出幸福和安逸，但这很大程度上是一种错觉。看到你过得不好，孩子本就会内疚，如果你再将这种“不好”放大，孩子就会被内疚吞没，前者出于爱，后者却会演化成恨，对你充满恨意的孩子，又怎么会给你带来幸福呢？

如果你真的觉得很辛苦，需要发泄的窗口，如果你真的觉得孩子没有很好地体谅你，可以这么做：

平常在做家务、买东西的时候，有意识地让孩子参与进来，从小开始，让他帮你的忙，让他尝试，让他做他力所能及的事情；

可以向孩子倾诉你的辛苦，但不要把“为了你”挂在嘴边，可以告诉他，你这么累的意义：因为努力工作才能赚到钱，有了钱我们才能买漂亮的衣服、可口的食物，才能去旅行去见识更美好的世界……

如果你的孩子不管家里的经济状况，总是向你索要零花钱，你可以这么做：

根据经济状况列出自己一周或者一个月能给出的零花钱范围，然后将这些数额的钱交给孩子，告诉他——“孩子，妈妈赚的钱是有限的，妈妈一个月可以最多拿出这么多给你花，再多的钱妈妈也没有了。但是妈妈答应你，每个月会专门给你留这些，至于怎么分配，由你自己来把握。”

请你试着从围着孩子团团转的生活里小小地偷懒一下，试着有自己喜好的生活，不用马上就有，不用频繁去做，慢慢来就好。

各位父母们，要清楚地记得，首先你是你自己，然后才是父母这个角色，孩子是你生命最重要的存在，但不是你生命的全部，同样的，你也不是他们生命的全部，所以你辛苦工作不全是为了他们，你奔波劳累也不应该责怪到他们身上，不要再用“内疚感”来绑架孩子，也不要再用“自我感动”来苦大仇深，更不要把自己的理想转换成孩子的压力。

用好期望值，里面有大学问

前不久看《小欢喜》，乔英子跳河的片段实在让人揪心：

英子站在河边，面对前来阻止她的妈妈，用尽全身力气喊道："我就是要逃离你！"

这样的场景让人不禁疑惑，母女俩之间能有什么深仇大恨，以至于闹到这种地步呢？

剧中，英子的妈妈宋倩虽然在外人看来事业顺利，但也有着未实现的人生遗憾，她就将把自己人生圆满的期望寄托在了女儿英子身上，希望女儿能上名校，获得更高的成就。

于是为了达成这个目标，她会准备燕窝、鲍鱼等营养丰盛的饭菜，让英子保持体力和健康，而不管英子是不是爱吃；她还会特意安装透明玻璃墙，每天像监控犯人一样，注意英子的一举一动，不允许有一丝懈怠；最后，英子报志愿时，她又一意孤行，非要让英子上清华或者北航……

而英子为了不辜负妈妈的期待，一直努力地小心翼翼地生活着，但最终还是受不了，选择了以自杀的方式来进行反抗。

是什么导致了宋倩和乔英子母女之间如此水深火热的关系呢？是什么让乔英子不惜结束年轻的生命？其实，就是妈妈密不透风的爱，是妈妈的严丝合缝的掌控。

而这种掌控，很大程度上就是因为宋倩对乔英子寄予了太高的期望。她希望女儿考清华上名校，并为此为女儿设定了一条路，而在她看来，要实现预定的目标，她就必须把女儿的行为掌控在预想的状态中，一旦出现偏差，她就必须强硬地纠正过来。

而这让英子感受到的只有窒息、压抑，尽管她知道妈妈是爱她的，她也一直在很努力地扮演乖乖女的角色，让妈妈开心，但是她却从来没有真正快乐过，最后积压过多的负面情绪无处释放就转化为了抑郁。

父母的爱原本应该是世界上最美好的情感，却常常因为父母的用力过猛，演变成一个家庭的灾难。

宋倩对待乔英子的方式，让我想起一个很有意思的网络词语——“鸡娃”，所谓“鸡娃”，就是给孩子打鸡血，让孩子不停地努力、奋斗、拼搏。

如今，对于大多数家庭而言，读书上名校仍旧被认为是唯一的出路，但随着社会竞争力越来越大，仅仅课本上的学习是远远不够的。于是一些家长为了孩子能读好书，还能具备加分才艺，就安排各种各样的课程和活动，让孩子不停歇地学习，这种行为就被称为“鸡娃”。

网络上，一位妈妈晒出的孩子成长计划，简直就是“鸡娃”模板：

1岁，一开口说话就开始中英双语教学；3岁，能自行阅读英文绘本，会背100首古诗；4岁，开始学钢琴、画画；5岁，进行奥数学习，思维训练，能做两位数加减法；6岁，上市里最好的小学，进入奥数创新班，女孩就再学一项乐器，男孩就练一项球类运动；7岁钢琴过8级，英语过 KET；8岁看完《西游记》和《论语》原著，绘画拿全国奖；9岁，钢琴过10级，球类运动进入区队或者拿到市级比赛名次；10岁，奥数比赛得一等奖，英语拿到 PET 证书……

这一项项安排和要求光看着都让人喘不上来气，不知道孩子在做的时候会是怎样的感受？

当然，在“鸡娃”策略、“高压”管控下，确实能培养出一些大众视野中的优秀孩子，但是他们光鲜的背后，内心的痛楚又有多少人了解呢？

知名美女作家蒋方舟在一档节目里，就曾透露，自己一直过得很辛苦，她表示真的不想再讨好别人了。

蒋方舟的妈妈一直以来都有一个“作家梦”，但自己没能实现，她就希望女儿能帮自己完成这个心愿。和乔英子的妈妈宋倩如出一辙，为了实现这个目标，蒋方舟的妈妈从小就给她制订了各种各样的计划，让她遵照实行，蒋方舟为了不辜负妈妈期望，只得咬牙坚持。

然而，蒋方舟还是幸运的，毕竟她的付出有了回报，她收获了鲜花和掌声，站在了聚光灯下，更多的孩子是像乔英子一样，还未见到黎明前的曙光，就已经被压垮了。

父母对孩子有所期待是很正常的，但是如果期待过高，就会转化为压力、焦虑压在孩子的身上，长此以往，孩子就会承受不住。

网络上，关于孩子因为学习压力大而走极端的事例屡见不鲜，“12岁男孩因作业未完成跳楼身亡”“10岁女孩因被逼练钢琴而离家出走”……北京大学发布的《中学生自杀现象调查分析报告》显示，中国每5个中学生中就有1人曾考虑过自杀，哪怕考上大学后，跳楼、卧轨、跳河的惨剧也是接二连三发生。

是的，“乔英子”并不是个例，甚至越来越普遍。

也许，有人会说，孩子出现上述那样的状况，原因是多种多样的，并不一定就是学习压力大。确实如此，孩子很少单单因为学习压力就产生极端想法，真正让他们这样的，是内心的焦虑不安、痛苦绝望。

父母的高期待在好成绩、多才多艺之外，还包含着懂事乖巧、听话顺从、端庄大方等一系列隐形的要求。这些要求的本质，就是让孩子压抑自己的真实需求，去塑造一个伪装的自己来讨父母的欢心，不辜负他们的期待。

“哭闹”“捣乱”“好奇”……这些是孩子的天性，也是他们人生路上不可或缺的阶段，如果孩子过早过快地隐藏这些天性，内心势必会出现问题。

父母希望“孩子变得优秀，将来有所作为”，这无可厚非，但不能因此就忽略了孩子自身的情感需要，不能因此就剥夺了孩子为自己人生负责的权利。

父母们对于孩子是应该要有要求和期待的，但这种期待不应该只是物质上的、面子上的，更应该是心理上的、品性上的。

我们可以希望孩子幸福、快乐、勇敢、自由、阳光，而不是用考了多少名、得了几等奖、赚了多少钱来评价他们。

父母们要明白的一件事情是，望子成龙、望女成凤没有问题，但是人中龙凤仅仅是很小的一部分，尤其在如今激烈的竞争环境下，大多数人终其一生就是平凡的普通人，“寒门贵子梦”越来越难成真，想要通过教育跨越阶层越来越难实现。

所以，父母们根本没有必要对孩子抱有太大的期望，这样做压制着孩子也焦虑了自己。并且，想让一个人实现某个目标最好的办法是激发他的内在驱动力，而不是仅靠着外力生拉硬拽。

父母们不妨将对孩子的期望值稍稍降低一些，不要过多地管控他们的行为，不要把所有的重心都放在刻意的学习和训练中，多关注他们的情感情绪，多和他们互动，多听听孩子的心里话，让孩子在内心充实、感知自我价值的基础上再去追求更远大的理想，这时候即使你不说，他们也会有学习的主动和热情。

为此，父母们要做的一件事情，就是完成和孩子的“分离”。当然，这种“分离”不仅仅是形体上的，也指精神上的，是一个循序渐进的过程。

一般对孩子抱有高期望的父母，除了希望孩子未来生活得更好以外，往往更多的是为了弥补自己人生的遗憾。

就像是乔英子的妈妈，还记得她对英子说的那番话：

“妈妈最爱的就是你呀，自从你到妈妈肚子里，妈妈就没跟你分开过。妈妈从来没有觉得，你已经离开妈妈的身体了。英子，你是我女儿，你是我最重要的人，咱俩的人生理想，应该是一样的啊！”

不可否认，宋倩对乔英子的爱是全方面，照顾她的一切，关心她的生活起居，生怕她受到一丁点的伤害，但这种爱也是畸形的，因为她没有把孩子看成是一个独立的个体，而把她当作自己的附属品，想要依靠孩子来实现自己的人生理想和愿望，填补自己曾经的遗憾。

正是这样的观念导致宋倩不能够正确处理母女之间的关系，同时也给英子造成了无法挽回的伤害。

父母将对自己和孩子的双重期望，完全寄托于孩子身上，这时候，只要期望实现的过程稍有一点儿偏差，带来的焦虑就是成倍的。当孩子做得达不到父母标准或者想要摆脱父母的控制，为自己而活时，父母就会觉得事情发展脱离了自己可控制的范围，因此就会产生焦虑，而孩子在父母的压制和自身独立意识的共同作用下，既不想辜负父母，又不想抗拒内心，也会出现焦虑情绪，如此，就会形成一个恶性循环，父母越想控制孩子就越焦虑，越是焦虑就越会给孩子施压，过重的压力使得孩子也会更加焦虑。焦虑到一定程度，就是悲剧的发生。

打破这个循环的关键就是父母要把自己同孩子分离开，认识到孩子是有思想有生命的实体，要把孩子当作独立的个体对待。

你的思想，你的愿望，你的那些未尽事宜，是你自己的事情，和孩子没有直接的关系，孩子没有义务帮你去完成。换个角度来说，你的人生已经充满遗憾，为什么还要孩子重蹈覆辙？你的人生孩子替你过了，那孩子的人生怎么办呢？

所以，父母们应该学着放下一些关于未来的各种期望，试着给孩子一份纯粹的父母之爱，让他在爱里变得更加坚强和勇敢，展露出真实的自己。

若每一对父母都能满怀着温柔和祝愿对孩子说出这段话：

如果你想当一个华尔街的银行家，那就去努力吧，

但如果你仅仅想当一个面包师，那也不错。

如果你想从政，只要出于恰当的理由，妈妈一定支持，

但如果你只想做个动物园饲养员，那也挺好。

愿你慢慢长大，

愿你有好运气，如果没有，愿你在不幸中学会慈悲。

愿你被很多人爱，如果没有，愿你在寂寞中学会宽容。

愿你一生一世每天都可以睡到自然醒。

那么，我想，你的孩子一定是幸福的，他可能不是那么成功，可能不是那么优秀，但他一定是个满眼笑意的人，也一定会被世界温柔以待。

第四章

多一份观察，少一份干预

“理性脑”“摄像眼”“计量器”，这三大工具，帮父母将“评价”转向“观察”。

父母的大脑里，都住着一个法官

“为什么你总是掉这么多饭粒，嘴巴有漏洞吗？”

“说多少遍了，上完厕所要关灯！”

“学习时总是东张西望，怪不得学不好！”

父母们小的时候，应该也听到过大人对我们说过这样的话。而现在已经为人父母的我们，是不是也经常因为一件小事上纲上线、用充斥着烦躁和恼怒的反问句式，去抱怨、去训斥、去“审判”我们自己的孩子呢？

对于孩子的行为，尤其是从大人的角度看起来不合理的、不懂事的，父母总是会轻易地给出判断，甚至于无比笃信自己所看到的，根本听不见或者不想听孩子的声音，也顾及不到孩子的情绪和感受。

大人是出于好心，出于爱，希望孩子能更好地成长，但是孩子感受到的就只有否定，当大人们不断指出孩子的错误时，孩子就会产生强烈抵触心理，就很可能变成故意和大人对着来。

很多亲子战争的爆发都是由这样主观视角带来的评价、抱怨引发的，很多大人只把沟通当作一个人的说教，但其实沟通的效果，是由对方的感受决定的。

父母们应该认真地反思一下，我们有考虑过孩子的感受吗？

傍晚，带着妮妮去了小区的“孩子基地”，刚好好多孩子都在玩，妮妮征求了我的同意后，就奔向了她的小伙伴们，而我就和几个家长在一块闲聊。

正说着话，一个家长突然朝孩子区跑了过去，边跑边喊：“你怎么能欺负妹妹呢？快把棒棒糖给她。”原来，一个男孩正拿着棒棒糖吃，旁边一个小女孩指着棒棒糖在哇哇大哭。

听到妈妈的话，小男孩却把脸一扭：“不，这个是我的，我不给她，她把自己的弄掉了就来抢我的。”大概是女孩哭得太“撕心裂肺”了，那位妈妈没有理会男孩说什么，就把棒棒糖拿了过来说：“哥哥就应该让着妹妹，一会妈妈再去给你买。”男孩虽然没有哭闹，但看得出来非常委屈。

回家之后，妮妮问我：“妈妈，大人脑子里都有一个法官吗？”

我有些疑问，她为什么会这么问。

妮妮说：“要不然为什么你们知道什么是对的，什么是不对的，总是告诉我们这个不行那个不行？”

“爸爸妈妈是怕你们受到伤害，才会这样做的，你看我们年龄比你大很多，当然见过的事情也多，所以就比你们知道得多一些。”我说。

“可是，你们说的都是对的吗？没有错的时候吗？”妮妮的话让我愣住了。想起今天那个小男孩的妈妈，我又想起几年前做的一件事。

妮妮四岁的时候，过年去奶奶家玩，和比她小几个月的表弟不知道为什么闹了起来，小弟弟趴在地上哇哇大哭。

我怕亲戚们有意见，就赶紧把小弟弟抱起来哄："弟弟乖，不哭，都是姐姐的错，舅妈帮你说她。"

妮妮在旁边，她听了我的话，一言不发，只是咬着嘴唇看了我一眼。

回家的路上，妮妮很认真地对我说："妈妈，今天是弟弟非要来抢我的项链，我不给他他才哭的，我又没做错什么，为什么妈妈什么都不问就说我错了呢？"

孩子的话让我心里"咯噔"一下，我看着她强忍着泪水的样子，自责得不行。可随着时间的流逝，我好像已经把那时的感觉淡忘，直到今天妮妮的话才让我更加深刻地反省自己：

是啊，大人脑子里住着法官吗？不然为什么总是那么喜欢敲下小槌给孩子的行为判对错，论"刑处"，还不容置疑呢？

父母的随意评判很可能导致冤枉、委屈了孩子，如果父母经常这样做，就会让孩子越来越没有安全感，变得过于谨慎敏感，并且失去对父母的信任，最终对父母关闭心门。

即使真的是孩子犯了错，父母的"及时"评判也并不能带来什么好处，只会让孩子更加慌乱无措、紧张害怕而已。

火车上有一对母子，孩子看起来6岁的样子，吃泡面，想要和其他人一样自己拿着面桶去车厢交接处接热水。

车厢里人很多，妈妈害怕他回来的时候拿不稳，把面撒了，就不想让他去。可耐不住孩子一直坚持，孩子非常执拗地表示，自己已经是大孩子了，这点小事自己能完成。最终，妈妈还是答应了。

悲催的是，孩子回来的途中还真如妈妈所料，被绊倒了，面全撒了，幸好没烫到人，但是地面一片狼藉，孩子拿着空的泡面桶愣在了原地，好多人都转过脸来看。

引人注目的、乱七八糟的场面把妈妈气炸了，冲过去就对儿子一顿吼："说不让你去，你偏逞能，这下好了吧，你自己弄吧，我可不管你，到时候人家不让你下车，看你怎么办！"

本来没哭的孩子，听完妈妈这番话，吓得手都发抖了，眼泪也吧嗒吧嗒地流了下来，但不敢哭出声。

其实，客观来说，这件事情虽然有一点危险性，但是从犯错的角度来看，并不是什么大错，只不过是不小心导致的失误而已。

孩子在成长的过程中，会有很多"第一次"，因此犯错是避免不了的，比起错误本身，更重要的是如何处理犯错后的事情以及如何避免再出现类似的情况，这些都是父母的反应中应该具备的内容。

然而，例子中的妈妈却把反应集中在了如何评判孩子的行为、如何发泄自己的情绪上，她的愤怒、指责和恐吓使得原本并不是那么害怕的孩子马上变得恐惧起来。

这样的行为，究竟给母子双方带来了什么呢？

孩子害怕开始哭，周围人议论纷纷，场面更加混乱，妈妈变得更生气；孩子本来就被这场面吓到了，经妈妈一指责更害怕起来，于是手足无措，不知道怎么收拾"烂摊子"，还可能会因此对类似事情过度紧张，增加了再犯的可能性……

父母选择评判、斥责孩子可能觉得会让孩子因此“吃一堑长一智”，但结果却往往适得其反。

有时候，孩子遇到突发事件，大人静静地观察，不去插手，也是一种不错的教育方法。

我曾和邻居一个大姐一起带着孩子去游乐场玩，邻居对孩子非常呵护，生怕他受到一点儿伤害，但也因此非常严格，孩子的一举一动都在她的注意范围内。

两个孩子在游乐场玩的时候，突然来了另一波孩子，邻居的儿子马上就说：你们出去，不要在这里玩。邻居听见了，马上就要训斥自己的儿子……我根据自己的经验快速地拦住了她，说：“先看看再说。”

邻居忍着冲上去的冲动，目不转睛地盯着场内的情况。

此时就看到，孩子用眼睛不停地看着妈妈，看妈妈怎么没有关注他，没有斥责他。他接着开始用矿泉水瓶轻轻地打另外一个大哥哥的脚底。我还是拦着邻居，并解释：看看你不表达关注的时候，孩子会怎么处理矛盾，如果孩子被打了，你得看看你的孩子能不能保护自己。不一会儿后，那个大点的男孩可能是察觉到了邻居儿子的小动作，就放了狠话说：“告诉你不要再敲我了啊，再敲的话我们就单挑，打一架。”

结果邻居的儿子就被吓哭了，邻居刚要埋怨我，我先开了口：“咱们不是每天陪在孩子身边啊，如果小宝这点情况都面对不了，将来还能扛大事吗？”邻居想了想，点头称是。

邻居对孩子过分关注和呵护，使得自己总是在孩子出现状况的第一时间就冲上去告诉孩子：这个不行，那个是不对的，你不能这么做，你怎么这么笨啊，你这样是没礼貌的……父母这么做，更是剥夺了孩子实际锻炼的机会。就像例子中的小宝，他为什么在轻轻打别人时一直关注着妈妈的动向，为什么被别人的一句狠话就吓哭了，就是因为他以往的经历而过于依赖父母，不能自己独立地面对问题，更不能独立解决问题。

另一方面，这些说辞，基本上都是负面和否定的，这就会给孩子带来许多消极影射，导致他越来越受其影响。

“影射”是心理学中的一个概念，可分为潜意识和有意影射，是指在我们的意识或潜意识中植入一粒种子、一种信念、一个词或一幅画面，以及它们如何对我们的行为产生影响。当影射积极时，人们会产生积极的行为，反之则会不自觉变得消极。

举个例子，鲁迅先生在课桌上刻的“早”字就是一个积极影射，也就是说如果一种事物总是在你的周围出现，你就很难不受到影响，换言之，如果父母总是在孩子耳边说他这不行那不对，甚至给他贴“笨”“傻”“坏”的标签，孩子就极有可能朝着这样的趋势成长，其实不笨不傻，也会觉得自己笨和傻，最终变笨变傻。

当我们放下评判而去观察孩子时，不仅不会导致这些问题产生，还能看到孩子的短缺之处，例子中的小宝，“我”和他的妈妈就是通过观察他的行为，知道了他不懂得如何与人沟通，缺乏面对问题的勇气，更没有独立解决问题的能力等。

所以，观察要比评判更有利于亲子相处，父母们不能让“法官”占据了大脑里的主导位置，这会严重影响孩子的成长发育。

从孩子的情绪入手，找到解决问题的关键

某网站上，在“成长的过程中，有哪些时候，你觉得伤害了孩子/被亲近的人伤害了？”这个问题下，有一个匿名网友说出了自己的经历：

> 有一件事，我到现在都清清楚楚地记得。
>
> 我妈脾气急，她自己也知道，但就是改不了，这件事，就是因此发生的。
>
> 我从小就很迷糊，上学忘带作业，有时候会丢东西，还常记不住自己用过的东西放在哪里，特别是医院的病历本，因为用得频繁，每次我找不到时，妈妈就会很不耐烦，很生气，然后把我狠狠地骂一顿。
>
> 我其实也不想这样，但可能是因为哪方面发育的欠缺，总是会不知不觉就变成这样。被妈妈责怪的次数多了，我就逐渐将“迷糊”归结成了一个巨大的缺点，这导致我不知道从什么时候开始，只要拿到病历本就会心跳加速，手心出汗，不把它放到固定的抽屉里固定的地方就觉得心里发慌，觉得不安全。

后来有一次，第二天要去看病，出发前一天晚上我又回忆了一遍，记得病历在抽屉里。然后我就睡觉了。结果第二天上午，我妈让我把病历找出来先收好。我到书房，打开抽屉，翻了一下，又翻了一下：没有！这时我的手心开始出汗，但还是强作镇定，然后又接连翻了几下，还是没有，我彻底慌了。

以前每一次被骂的场景混在脑子里，我的手脚开始发颤，变得冰凉，呼吸也急促起来。我斜着身子看了眼门外，发现妈妈在门口走来走去，心跳瞬间提高了半拍，我是真怕她发现我在找东西。然而，最后她还是发现了。

然后，一切照旧，我被骂得狗血淋头。但还有一点不一样，以往她骂我，我从未想过顶嘴，因为确实是我迷糊，是我错了，但这一次，我有自信我就是把那该死的病历本放进了抽屉里，于是我说："我绝对，绝对有好好放在抽屉里面的，这次我不会弄错的。"

我妈什么反应呢？她的样子我这辈子都会记得，她回头，瞪着眼睛，嘴角垂着跟我说："但是现在的事实呢？事实不是它不在里面吗！你找啊？"随之而来更加大声地怒吼，"天天乱放，你还敢确定，自己什么样自己不知道吗？"

说完，我妈扬长而去，我留在房间里，心里说不出什么滋味。然后我突然想到什么，把抽屉拆下来，在最深处找到了那本病历。看来是里面放的东西太多，打开的时候被刮进去了。

马上，我告诉我妈东西找到了。她说在哪，我说被抽屉刮到最里面去了。我妈就说了个"哦"，就没了下文。我也不知道是花了多大的勇气，跟我妈说："妈妈……你是不是应该跟我道个歉？"

然后，我妈整个人就炸了，排山倒海的愤怒，一边骂我，一边砸东西。我在房间里，没有像以往一样哭，只是睁着眼睛。最贴切地说，是感到绝望，绝望得平静，绝望得想笑，当时就觉得我永远都不会对我妈敞开心扉了。

上面例子中的“我”的确是存在“问题”的，并且也表现了出来，但是在这种情况下，妈妈并不是选择解决问题，而是一味批评孩子，给孩子“扣帽子”，这导致的结果就是，“我”在父母消极的评判下变得“越来越糟糕”——被妈妈责怪的次数多了，我就逐渐将“迷糊”归结成了一个巨大的缺点，这导致我不知道从什么时候开始，只要拿到病历本就会心跳加速，手心出汗，并且再也不想和妈妈坦诚相处了。

本身，孩子在意识到自己做了不好不对并且在他看来自己尚不能解决的事情时，就很容易陷入恐慌，如果在这时候再被以消极的强硬的态度对待，那就更会不知所措，并且这种恐惧会一直伴随着他，等到再次发生类似的情况时，让他更加慌乱，更加容易再次失误犯错。如果这种情况经常发生，孩子就会觉得父母根本不爱自己、不理解自己。

但这并不是说，孩子犯错，父母就不能批评，而是要注意态度、语气、方式方法。孩子的情绪，是父母采取何种态度、语气的重要依据。

如果孩子已经手足无措，比如愣在原地、吓哭了、扑到了爸爸妈妈的怀里，父母就不能过于严肃，首要的是先让孩子恢复平静，以安抚、安慰为主；相反的，如果孩子一脸无所谓，仍旧我行我素，父母的态度就要严厉起来了。当然，严厉并不意味着马上批评，而是要通过这样的态度让孩子知道事情的严重性，收起吊儿郎当的样子。

现实的情况一定要比这更加复杂，但是父母一定要记住，先观察孩子的情绪，并能够做到准确捕捉，再据此做出态度反应。另外一点，如果父母有错，比如错怪了孩子，就像上面的例子一样，一定要郑重地给孩子道歉，不要觉得这样会丢了作为家长的威严，其实反而更能获得孩子的尊重。另外，和孩子一起分析错误，比居高临下的指责更有效。

曾经在一个比较火的亲子综艺节目里，包妈妈带着女儿去邓妈妈家里做客。玩耍期间，邓妈妈的儿子不小心撞到了包妈妈的女儿，小女孩当即大哭起来。见此情形，小男孩也吓到了，马上躲进了邓妈妈的怀里。

儿子撞倒了客人，邓妈妈立刻变得严肃起来，她把儿子推开，并让他赶紧向小女孩道歉。然而，邓妈妈眼里平日特别通情达理的儿子，这时却闹起了脾气，先是噘着嘴，对妈妈说的不理不睬，后来被逼急了竟然哇哇大哭起来。

最后，邓妈妈意识到这样的方式行不通，就耐下心来带着儿子一步步还原事情经过，从儿子的失误到小女孩感受到的疼痛，这样，很快儿子就恢复了情绪，主动去跟小女孩说了对不起。

心理学家表示，人在被否定时，会产生自我保护的本能，就像在危险面前，身体会自然躲避一样，这属于合理的心理防御机制。面对父母的指责，孩子的反抗就可以看作是一种自我防御，所谓的恼羞成怒，也可以据此解释。这就是为什么，有时候父母越是批评孩子，孩子越是“气焰嚣张”，尤其是在有其他人在场的情况下。

像大麟子一样，在错误面前，他本身情绪就有点不稳定，如果这时，父母严肃地要求他立即道歉，他就会因为恐惧未知的后果，以及维护自尊心，想要自我保护，从而产生抵触心理。并且，只是执着于责骂孩子、让孩子认错，而没有认真分析错误本身，那孩子也不会形成正确的是非观，如果父母经常这样，孩子也会对父母心生芥蒂，变得越来越反感父母的说教。

另外，不光大人要“面子”，孩子也很重“面子”。父母在外人在场的情况下评断孩子的行为，指责他们，只会更加激起他们的逆反心理而不是羞愧心。

事实上，大多数孩子都是有一定的是非观念的，除非是他没有见过没有经历过的事情，所以孩子犯错或做了不好的行为，一般有两种情景，一是明明知道，但是不小心或者没有意识到；第二种就是在尝试新事物的过程中出现的问题。

这种情况下，父母急着评判孩子，并不是真的在教育他们，而是在发泄自己的不满。这样，非但没有体察孩子的情绪，反而会把自己的负面情绪全都扔给了他们，不仅不能为孩子带来实质的好处，还会使他们变得更糟糕。

所以，在孩子遇到状况时，不管是非常明显的错误，还是不太明朗的事态，都不要马上批评判定，而是要先观察，观察孩子的情绪，观察孩子据此做出的反应，然后再进行回应，或是安抚他的情绪，或是和他一起解决搞砸了的事情，或是让他想办法，然后给予指导，让他知道做错了事没关系，但要自己负责。只有这样，才能让他从心底里认识到他为什么会做出这样的行为，错在哪里，应该怎么改正，而这才是父母的作用。

摒弃刻板印象，孩子才有无限可能

“五一”放假，我带着女儿去奶奶家，当时大姐二姐也带着她们的孩子来玩，一大家人好不热闹，小朋友们玩得也很开心。

突然间，小家伙们不知道从哪儿翻出来一个老旧的风筝，由于跟他们经常玩的不一样，因此很是好奇，便兴冲冲地在院子里放了起来。

新鲜感促使孩子们情绪非常激动，风筝的一升一降都能引得他们发出欢呼或尖叫。“男孩子咋咋呼呼的也就算了，小女娃大喊大叫的成什么样子！”突然间，孩子奶奶出来训斥了这么一句，吓得我女儿赶紧闭上了嘴巴。

一直以来，我都和孩子奶奶在女儿的教育上达不成共识，她的这句话让我更加坚定了自己的想法。

什么是刻板印象？

就是人们对某个事物形成了一种概括的固定的看法，并将这种看法推而广之，认为这类事物或者整体都应该具备此类特征，而忽略了个体的差异。

就像上面例子中的情况，奶奶认为女孩子就应该文文静静的，不能大喊大叫，因此当“女儿”做出喊叫的行为时，奶奶就给予批评，但其实，没有规定说女孩就应该怎样，男孩应该怎样，他们可以是很多样。

刻板印象，从深层次讲是一种群体认知现象，简单来说，就是一种偏见。这种偏见带来的消极影响就是，会导致先入为主的情况，无法对个体做出正确的评价，从而对个体造成不利的影响。例子中奶奶对女儿的训斥使得女儿在害怕中闭上了嘴巴，殊不知这样会压制孩子的天性，影响孩子性格的形成。

现实社会中，我们的身边甚至我们每个人似乎都在被各种各样的“刻板印象”包围着，最常见的如种族、地域、性别、身材、年龄等，这些刻板印象在无形中束缚着我们的很多行为，即使我们知道有些是不合理的、不客观的，但往往也会拜倒在“大众的声音”下。

而这些，也同样会作用在孩子身上。还记得之前黄磊的女儿黄多多染发事件冲上了热搜，下面很多评论都是在说“这么小的姑娘就染这么夸张的发色，一看就不学好”，说出这样话的人就是对小女孩染头发的行为存在偏见，直接对多多进行了负面评判，好在多多的父母并不这样想，多多才得以更加自由地展示自我，发展自我，也变得更加优秀。换言之，如果多多的父母也带有这般偏见，随之而来的很可能就不是相对自由的个性发展，而是亲子之间的战争了。

这也表明，不管外人有多么严重的“刻板印象”，对孩子影响最深的还是父母。所以，父母们要注意不要带着偏见看待孩子，尤其是在孩子小的时候，不要给他们规定太多所谓男孩女孩、坏孩子好孩子的标准或界限。

我曾看到过一位老师分享的事例：

在我工作的学校里，今年的迎新时节，很多家长都陪同着自己的孩子首次入学。隔壁班一位父亲送完孩子后，来到我的班级参观。

当时，我班上的孩子们正趴在地毯上玩消防车和消防员的游戏，各式各样的玩具车散落在地上，大家玩得特别开心。

“啊？你们让女孩玩赛车和消防车啊，这不是男孩子的玩具吗？”那位父亲突然惊讶道。

闻言，我愣了一下，因为此前，我从未想过孩子的性别会和玩具的种类扯上联系。我想，可能这位父亲有点保守，对男孩女孩的划分过于清晰，因此不免有些“刻板”，于是我就解释道：“我们学校的这些玩具是不分性别的，男孩子女孩子只要喜欢就都可以玩。如你所见，我们班这一届的女孩子更多，但她们玩车的投入度并不亚于男孩子。至于男孩子，我们也会鼓励他们参加各种不同类型的游戏，他们可以玩消防车，也可以丢沙包，还可以和女孩子一起过家家……”

谁知，那位家长还没等我讲完就摇摇头说：“男孩子就该玩男孩子的游戏啊！”我还没来得及辩论，他就已经走出了教室门，边走边跟隔壁班级的老师喊：“咱们班能不能多些男孩子的玩具啊，这些都有点太女性化了。”

我隐约听见，那个班的老师也是用我刚才那番话类似的意思解释给他听的，还瞥见他的儿子在一旁坐着，并没有像其他孩子一样欢欢喜喜地玩地上的玩具。

“难道不是孩子的喜好、孩子的快乐最重要吗？”我心里想着，又大声问了问孩子们是不是真的喜欢玩具车和消防员的游戏。她们大力点头。于是，我告诉她们，不管谁对她们说了什么，她们都可以继续玩自己喜欢的玩具。

有一些家长，从孩子很小开始，就会为他们规定各种各样的事项，比如，男孩子不能动不动哭鼻子，不能太胆小，不能斤斤计较，要更“厚脸皮”，要更勇敢，要玩那些看起来威武刚强的玩具和游戏，因为他们要培养“男子汉气质”；而女孩，一般会被要求不能跑得太快，不能爬得太高，不能喊得太大声，不能玩太激烈的游戏，要柔声细语、腼腆文静，这样长大之后才能温柔端庄……

当大人们带有这样的刻板印象教育孩子时，很容易就会去评判他们，比如男孩子和女孩子一起玩比较柔和的游戏时，就会上前制止；男孩子哭时，就会被说“男孩子哭哭啼啼的丢不丢人”，同样的，女孩子也会受到同样的遭遇。

我明白家长们想要让男孩子长大后勇敢坚强、独当一面，让女孩子温温柔柔、岁月静好的愿望，但是家长们也应该意识到，儿童期正是孩子探索自我兴趣爱好，建设和巩固内在世界的关键时期，如果给他们设定太多外在的条条框框，只会束缚他们的发展。

或许，最后孩子会如你所愿成长为你希望的样子，但他的内心并不充裕，该有的品质也并没有发展完善，显现出来的就只是表面的东西。

比如，一个男生看起来非常强健，说起话来也中气十足，非常有男子气概，但是，他却经常遇事逃避，犯错了也不承认，这样的人还算是男子汉吗？

不久前，央视新闻发出的“正视阳刚之气”的新闻，说的也是同样的意思：

阳刚之气，并不是男性化，而是代表一种责任心，一种风度，一种内在的意志和气质。所以，阳刚之气不分男女。

比起强调男孩女孩该有的样子，我们更应该培养的是孩子遇到挫折的抗压能力，面对失败的担当精神。

比起应该让孩子成为什么样，更重要的是让孩子带着充实的内心去探索，自己想成为什么样，能成为什么样。过于强调某些外在表现的东西，反而会阻碍了孩子真正意义上的成长。

对孩子抱有这样性别刻板印象的父母，还很有可能在孩子升学考学的时候，对他说“男孩子学什么文科，那些都没有实际用处”“女孩子思维不够活跃，学不了理科”；在孩子找工作的时候，对他说“男孩子年纪轻轻不要怕苦怕累，就要多挣钱”“女孩子就应该找个文职，轻轻松松”……这些看起来貌似正确的话，说得多了就会在无形中给孩子造成巨大压力，影响着他们未来的发展。

除了年龄、性别，还有些家长会对“好孩子”“坏孩子”给予明确的划分，刻板地认为好孩子应当是什么样，坏孩子应当是什么样，并以此来对照自己孩子的行为，一旦他们出现了被划分到坏孩子表现中的行为，马上就会不分青红皂白，不管原因是什么，对他们一顿批评，这样反而会把孩子直接推到错误的道路上去。

曾风靡全国的家庭情景剧《家有儿女》中，就有这样一个片段：

夏雪因为受不了学校的变态规定，故意不穿校服，妈妈刘梅知道后，不细想事情原委就直接说："小雪，你是好学生，怎么能不穿校服呢？别跟刘星学，他不穿可以，你不行。"

就是这番话，让刘星和夏雪两个人都彻底"叛逆"了，开始故意和父母对着干。他们戴上夸张的假发，准备穿着奇装异服去学校。

爸爸和妈妈极力地劝阻他们，但是到了这时候劝阻已经没有了作用，反而促使他们更加笃定这么去做。好在，最后刘梅和夏东海转变了思路，从理解孩子入手，最后才化解了这次亲子沟通危机。

负面的刻板印象，会导致个体更偏向负方向成长，这就和"标签引导"一样，如果觉得你的孩子是坏孩子，并且以此来评价他，就会在孩子的头脑中形成一种消极暗示，在这种暗示的作用下，他即使不是坏孩子也会慢慢地变成"坏孩子"。

事实上，不管是正面的、中性的还是负面的，刻板印象带给孩子的都会有很多不好的东西，这包括但不限于：让他们无法很好地释放自己，让他们不能发现真正的喜好，让他们不能找到人生的意义……

如果我们能够摒弃对性别的刻板印象，可能就会收获很多无比坚强英勇、敢于冒险的女孩；如果我们能够摒弃对"补课"的刻板印象，可能就会发现原来孩子在弹吉他、画漫画上有着极高的天赋。

个体与个体的不同，才造就了这个多彩的世界，只有摒弃掉对孩子的刻板印象，我们才不会自以为是地评判他们，才能给他们更多尝试的机会和广阔的空间，也才会让他们有无限的可能。

经验多，并不代表有远见

小区附近的公园里，一到傍晚或周末就非常热闹，很多小朋友都会在爸爸妈妈或者爷爷奶奶的陪同下出来玩。

有一天傍晚，我到公园里去散步，走累了就到湖边的座椅上靠着休息，正当我闭目养神时，突然一声尖叫把我惊醒："慢点，别跨别跨，这多危险啊，我的小祖宗。"

我睁眼一看，原来是一个小姑娘想自己走到湖面的木板路上，而地面距离桥面之间有一处并不是很宽的空白处，女孩的妈妈就是怕小女孩一脚踏进木板缝隙里面，才紧张叫停的。

听到妈妈的制止，女孩停了下来，回头冲妈妈喊了一句："没事，妈妈，这个缝可小了，我能跨过去。"

妈妈边气喘吁吁地赶过来，边说："上次就有个孩子卡进去了，弄了半天才弄出来，差点把脚挤坏了，你还想自己跨过去，就你厉害？"

我仔细看了看，那块缝隙确实不小，但孩子绝对能跨过去，至于妈妈所说的事情，必定是夸大了的，"未免有点太小题大做了，别再吓得孩子不敢走路了。"我在心里默念道。

我刚说完，就看见女孩似乎被妈妈的话吓到了，在犹豫了一下伸不伸脚后，还是放弃了，站在原地等着妈妈过来扶着自己一起走。

在公园里或平常在街上，我经常能看到类似的场景，对于孩子的一些行为，父母总是下意识地根据自己的经验、认知做出预先判断，左右孩子的选择。

我知道父母们大都是爱子心切，害怕孩子吃亏受伤走弯路，才会这样去做，但是这未必就对孩子有利，尤其是像上述例子中这种孩子尝试着、探索着去做某件事情时，父母急着评判孩子的行为，很容易让孩子变得不敢尝试。

一方面，孩子只有通过自己不断探索，不断试错才能获得实质意义上的成长；另一方面，“慢着”“小心点儿”这种口头禅式的提醒并不能带给孩子实质性的帮助，父母紧张、害怕的情绪也只会制造出不安全的氛围，影响孩子对外界的感知。

哥廷根大学精神病科神经生物学教授格拉德·许特指出，各种形式的不安全、害怕和压力都会在孩子脑中形成极易扩散的不安和刺激因子，这种刺激及其所导致的混乱会对大脑产生深刻的影响，导致孩子无法调用已经获得的知识，也无法学习新的能力。

上面例子中这样的家长，在孩子小的时候，会限制他们的各种行动，等孩子大一些又会试图把控他们的人生抉择。

不久前，接触到了一个让我十分钦佩的人，他是一名程序员，现在在国内一个大企业工作，薪资颇丰。

开始见面时，我觉得他还是有些拘谨和沉闷，并不像其他同级的程序员那样神采奕奕、落落大方。后来我才知道，他是农村出身，今天这番成就也是费了好一番周折才取得的。

他大学专业读的设计，毕业后父母就想让他到家乡县城随便找份美工的活，稳定下来了就结婚生子。

他没有听父母的建议，而是选择在杭州报了班学UI，去上海一家初创互联网公司当了UI设计师。其实，这时候他还挺茫然的，但就是父母的强硬要求更加坚定了自己不按照他们的想法去做。

为此，他们之间没少发生争吵，每次，父母都会指着他的鼻子骂他不孝，说这是为他好，他什么都不懂，将来会后悔的。

后来，他接触到了互联网，明确了要当程序员的目标，就开始学习Java，并一直不断地努力提升自己。当然，这期间他没少受到父母的阻挠，甚至有时候父母还会做出极为疯狂的举动，但他还是硬撑下来了。

如今，他已经在杭州买车买房，对比刚毕业时的窘迫，可以说是实现了自我追求和阶级流动。

听了他这一路的历程，我不禁想，如果当时他听从了父母的安排，会怎样？

不可否认，父母处世多年肯定积累了相当程度的经验，但是这些经验对于孩子真的有用吗？从上面的例子来看，并不一定，经验多不代表有远见卓识，过去的经验也不一定适用于现在和未来。

首先，相比于孩子，父母虽然已经进入社会很久，但他们所接触的圈子一般都是比较固定的，经常打交道的也都是差不多年龄的人，所以想法也都是来自同一辈的固有思维。

对于普通的父母来说，不管父母本身是开放的还是封建的，是包容的还是偏激的，他们所受到的时代、圈子的无形的影响是一定存在的，包括对生活衣食住行、人际交往、人生规划的认知等。

其次，父母的经验多是总结自身经历而得出的，那些曾经极度渴望的、难以获得的事物就会成为父母人生规划中的最重要的目标，但这很大程度上不是孩子想要的，或者说在现在的时代已经不再难得，也不是最佳选择。

很多时候，父母下意识地对孩子的行为作出评判，依据的就是自以为丰富的经验，“我吃的盐比你吃的饭还多，我过的桥比你走的路还多”“我活了大半辈子，知道得肯定比你多”。

但从实际来看，并非如此。

所以，父母预防自己总是自以为是评判孩子的关键之一，就是正视自己的认知能力，客观看待事实，这就要求父母们尽可能多地了解时事，关注新兴事物，并不一定要弄懂搞明白，但最起码不要和新时代完全隔离。

比如，教养孩子时不要总是用老辈的经验、旧观念强调个别案例，而要多看一些现代的科学的理论、权威的书籍，接受一些更前沿更先进的教育观念。

其次，父母要懂得如何将自己的经验通过正确的方式传达给孩子。

如果父母能够以尊重孩子的意愿和个性为前提，给予他们自己的经验和建议，孩子必定能收获良多，在人生道路上会更加顺畅，但若只是一厢情愿地强行地将个人的认知、经验，凌驾于孩子的意愿之上，总是在孩子的个性展露出一个小角时就恨不得马上掐掉，总是不等孩子发声辩解就急着否定，试图让他们无条件顺从自己，这样做很大程度上就会带来不好的后果，比如让孩子本该灿烂的人生变得平庸，让孩子本可以稳固的内心世界变得脆弱。

在这里，我们将父母的经验分为两大部分：一是生活经验，包括穿衣吃饭、怎么使用工具、遇到意外情况应该怎么办等；二是人生经验，包括学习工作、与人相处、未来规划等。

对于生活经验，更确切地说是生存经验，父母应该尽可能地以锻炼孩子的生活技能为主，鼓励他们自主行动，而不是倍加呵护，甚至全面代劳。这样孩子长大、进入社会后，父母也不会过度担忧，比如没好好吃饭、不会照顾自己等，因为他们知道孩子是可以自己照顾好自己的。

4岁之后，孩子就进入了自我探索时期，他们会对外界的一切产生强烈的好奇心，想要自己尝试去做一些事情。从这时候开始，父母就要对孩子“适当放手”了，不要拒绝他的尝试，可以在他周围施以保护，但不要束缚他的手脚，更不能以消极的评价对待孩子的主动行为或使用体罚。

对于人生经验，父母一定要先审视自己是不是真的经历过类似的事情，如果只是道听途说，或者是通过别人的经历得出来的，最好不要给孩子太多。

一般，人生经验传授时都是在孩子具备了很强的自我意识的情况下，因此很容易发生分歧和矛盾，出现沟通危机，所以方式很重要，千万不要直接否定孩子的想法做法。

不管是生活、学习还是工作，父母的干预都是必要的，但要控制好力度。如果父母和孩子的分歧很深，一点都不能理解彼此，这时候按兵不动的观察就更为重要了。

观察是理解的开始，或许通过观察，你就能明白孩子的行为并不是你想象的那么糟糕，甚至当你稍微停下来看看孩子怎么做时，反而会发现，你们最终的目的其实是一样的，只是过程不同而已。

经验多并不代表有远见，尤其是在这个快速发展的日新月异的时代，很多经验都会轻易过时，轻易被淘汰，再加上人与人看待问题角度的不同，所以父母们不要着急地想当然地用自我的经验和认知去评价孩子的做法，进而左右他们的选择，一定要先观察，先了解，再去沟通，以理服人要比亲情绑架更有说服力。

三大工具，帮父母将“评价”转向“观察”

观察，说起来容易，但真正要这样去做时，并不简单，因为观察就意味着冷静。

> 有人说，如果没有被孩子气得半死的经历，如果没有被孩子弄得无计可施过，如果没有被孩子折腾得痛苦不堪过，就不要劝别人冷静，就不要劝别人理解孩子，就不要劝别人体会孩子的感受。

的确，作为父母，作为直观地看到、接触到孩子那些“让人不顺心”的行为的人，你现实中体会到的感受要更强烈也更复杂，这促使你不得不大动肝火，不得不马上发泄出来。与你实际的感受相比，书本上那些轻飘飘的话，那些看起来十分大度的策略，未免就有些太可笑了。

但感受本身是次要的，重点是，你要明白这些感受的产生并非全然因为孩子的那些不得当的行为，有时候也来源于“外界的压力”。

比方，孩子在外面、在别人家里有了不合时宜的举动，我们肯定会非常恼火，但如果把地点改到自己家里、没有别人在场的情况下，还会那么着急，那么生气吗？

还有，当你在批评孩子时，你的脑海里会不会浮现一个乖孩子的形象，然后下意识地把他和自己的孩子对比起来，然后觉得自己的孩子再不管教就完了……

我们是很容易受到这样的想法影响的，当孩子出现了我们看来很不好的行为时，尤其是在大庭广众下，我们会觉得如果不狠狠地批评他从而震慑住他，自己就会颜面扫地，再加上因为关心孩子而对事情后果过于悲观的联想，无形中又加重了我们的愤怒，这导致我们更加不能冷静下来。

或许连父母自己都没有意识到，你面对孩子某些行为作出的反应，受到了太多外界因素的干扰，所以有时候你打了骂了孩子，事后就会觉得非常后悔，不管孩子是不是真的犯了错。

所以，我们要用到的第一个工具，就是“理性脑”——屏蔽外界的干扰因素。

首先，父母要知道，真实的情况远远没有这么糟糕。那些在我们的周围看起来优秀懂事的孩子、和谐美满的家庭，一旦关起门来，里面发生的事情恐怕就不是你想象的那么美好了。每个家庭都有属于自己的亲子难题，每个孩子也都有属于自己的问题，尤其像犯错这件事，更是每个孩子都会发生的，你大可不必因为羡慕“别人家的孩子”而加重自己的愤怒。

另一点也是我们之前已经提到过的，就是孩子也非常“重面子”，所以在大庭广众下，最好不要用强硬的方式来显示家长的威严，这样做很可能事与愿违。

其次，可以充分地、合理地使用一些物理“降火”方法，比方深呼吸、暂时离开现场、由站到坐等。

当我们能够按照上面所说的去做时，情绪就能够冷静下来一点了。紧接着就是和孩子的对话、交谈。

周末和孩子在家，我在书房，他在客厅里玩。

我到外面拿东西路过卫生间时，发现里面的灯亮着：“这孩子，上完厕所又不关灯，什么毛病！”我心里想着，马上就要脱口而出了，想到上次同样的情景，我这么说孩子时，他对我说的那句话：“我真的不是故意的，你就不能好好地提醒我吗？”

于是，我使劲咽下了那句话，提醒道：“儿子，厕所好亮啊！是灯开着吗？”儿子一听，没有像上次一样跟我叫板，而是马上起身，乖乖地去把灯关了，末了还自己数落了自己一句：“哎呀，我怎么老忘啊，什么记性，下次一定注意！”

先不管他下次还会不会再犯，这种态度就已经让我很欣慰了。

上面例子中，妈妈所运用的说话方式就是我们接下来要说的第二个工具“摄像眼”——只描述客观事实。

父母说出的评价性的语句，往往是围绕着孩子来说的，比如：你怎么这么挑剔，这衣服多好啊就是不穿，你怎么总是丢三落四的，这么粗心！

这种说话方式叫作人格归因，所谓人格归因，通俗来讲就是为他人的性格品行贴标签，现实中人们很容易通过某一件小事固化对某个人的印象，从而将其划分到某一种类型中，这是人际沟通中产生暴力的根源，很容易引发沟通危机。

如果我们可以摒弃标签思维，就事论事，只描述我们看到的当下的场景，不做凭空的猜测和擅自的评判，就像一台摄像机一样，只是客观地播放它所录入的内容：

这件衣服颜色和你的鞋子还挺搭的，看起来很和谐，穿上应该很好看。

妈妈注意到，你今天上学又忘记了带语文课本是不是？

当我们对发生的事情多一分好奇和理性，多一份平和与淡定，并这样表述出来时，孩子的心情和行动也会与之前大不相同吧？

另一方面，我们还可以把笼统的评判改为数据化、确切的感受来表达，这就是我要说的第三个工具——“计量器”。

又一次，孩子把东西乱放找不到了，帮他找的我都快崩溃了，我真的很想骂他：“为什么总是忘，为什么我说的话总是不听！”

丈夫安慰我，让我别着急，他去和孩子谈谈。

我听见他很严肃地对孩子说：“你这已经是第八次因为乱放东西而找不到，还让大家都很着急，你知道爸爸妈妈非常生气吗？你可以跟我解释下为什么会这样吗？”

“就是，我也不知道怎么回事，每次我都会说这次一定要放好，但一转脸就会忘。”孩子辩解道。

“如果爸爸能告诉你一个建议，你能试着去做，并改掉这个坏习惯吗？”丈夫说。

“当然了，爸爸，我愿意，我也不想每次都这样啊，还希望你能监督我。”孩子的这番话着实让我意外了。

不知道爸爸妈妈们有没有这样的感受，当别人指出你的错误，说你不好的地方时，如果他说得含糊不清、支支吾吾，你反而会更生气，还不如直接告诉你哪里错了，哪里不行，你更容易接受。其实孩子的感受和你是一样的。

当孩子做错了事情，有了不应该的行为时，父母进行笼统的评判会更容易引起他们的抵触，倒不如直截了当地说清楚哪里不好。

就像例子中一样，可以把“总是”“经常”改为相对具体的字数，把“你怎么能这样”改为“你这样做，妈妈很生气”，用具体的数字、形容词来陈述表达，会比一味地指责、抱怨、质问更加接近事实，也会减少对方的反感和抵触，有利于双方进行进一步的探讨和沟通。

除了以上三种工具，家长们还应该注意到三个方面，第一是要把对孩子的关注的时间线拉长。

人是复杂的多面体，也是在不断发展变化的，每个人的行为、感受、需要时刻都不同，而我们看到、接触到的只是其中一面的变化中的一个瞬间而已。

所以不要把自己在某一刻某个瞬间看到的事情就当作全部的事实，更不要以此妄加评判一个人的当下和未来，这是武断的、片面的，也是不公平的。不要忽略时间，不要忽略变化，这样才能客观全面地去看待一个人，而不会落入评判的陷阱。

第二，千万不要对孩子使用“对比评价”，这是最糟糕的评判。

所谓“对比评价”就是“别人家的孩子”。

中国式的父母在亲子教育上很喜欢的一句话就是：“你看 ×× 家的孩子……多优秀……”父母们不仅常用“别人家的孩子”和自己的孩子比较，还习惯于用他人的优势来进行说教。家长说这类话的目的是让孩子受到刺激，获得激励，从而变得更优秀，想法并没有错，错的是没有考虑刺激的类型和强度，你的孩子对这样的刺激受不受用？你一次次地用别人家的孩子来压他，他能否承受得住？若是不受用，不能承受，那就不是激励，而是打击。

第三，减少以“学业成绩为主导”的评价，不管是正面的还是负面的。有的家长很喜欢将学习成绩与其他的事情混为一谈，认为学习好别的事情就能做好，学习不好其他事情也做不好，比如会说：怪不得学习不好，这点小事都做不成。

研究表明，青少年时期相对单一的优秀评价体系对孩子们的成长有一定的不利影响，例如繁重的学习考评压力会使得他们对“人”的本质性思考、应对挫折、磨砺品性等方面缺乏精力去关注、去做深度思考。

从“评价”到“观察”，不是一个简单的过程，但是如果父母想要孩子变得更好，就必须尝试去实现这个过程。

第五章

让孩子控制情绪，更要让孩子正确发泄

若孩子连脾气都不敢在你面前发，那才是真的出了问题。

父母如何处理情绪，孩子如何面对人生

生活中，父母无法控制自己情绪的情景还是挺多的，一些家长也注意到了，开始有些担心和疑惑：父母的情绪，对孩子会有影响吗?

答案自然是肯定的，不仅有影响，而且是非常大的影响。从孩子很小的时候，比如胎儿期开始，妈妈的情绪对孩子的影响就已经很显著了。

研究表明，如果胎儿期的宝宝经常感受到母体的负面情绪，等他们出生后将更可能表现出不同程度的消极特征。

比如，妈妈在孕期如果经常愤怒，孩子出生后更可能成为“难养型”。他们喜欢哭闹，经常是被抱着哭放下也哭，让大人找不到原因；他们的体质也比较差，容易感冒、肠胃不适、出现皮肤病；若妈妈的愤怒多是出于配偶的不良表现或生计原因，孩子以后的自控力会较差，在未来更容易出现早孕早婚、辍学等情况。

等孩子出生以后，父亲的情绪的影响力也会大幅提升，可以说，父母的情绪对孩子是非常重要的，尤其是在儿童时期。

儿童期，是孩子各种能力习得的关键时期，包括情绪处理的能力。父母的作用之一就是认可和接纳孩子的情绪，帮助孩子认识自己

的情绪，为孩子的行为设立界限，和孩子一起解决问题。但如果父母连自己的情绪都处理不了，又如何承担起这样的职责呢？

公园里，几个孩子在一起玩玩具，家长们在旁边聊天。突然间，一个男孩和一个女孩因为抢玩具打闹了起来，两个孩子都气得哇哇大哭，打得不可开交。

两位家长赶来把孩子分来，女孩妈妈把女孩抱起来轻声说："宝宝是不是很难过啊，喜欢的玩具被别人抢走了很生气是不是？"女孩听完妈妈的话，哭闹的声音就小了，很快就安静了下来。

另一个男孩妈妈的处理方式和女孩妈妈则完全不同，她先是让孩子站好，然后呵斥他，不许他哭，接着又指出孩子的错误，这一顿操作下来，孩子哭得更厉害了，妈妈也更气急败坏了。

孩子被气哭了，和别人扭打起来，反映的其实是他没有识别到自己的情绪，不知道该怎么发泄和处理，这时候父母需要做的第一件事是帮助孩子识别情绪，例如：宝宝很喜欢那个玩具，也想要那个玩具，现在玩具被别的小朋友拿走了，所以宝宝很生气，很愤怒，很不高兴！

这样，孩子会感觉到父母是理解自己的，与自己站在一起的，是容纳自己的，也明白了这种不舒服的情绪叫作"生气"。

接下来，父母就可以告诉孩子，被人抢走喜欢的东西时，生气是很正常的，但是生气不一定非要通过哭、打闹的方式来发泄，你可以说出来，表示出来，或者用一定的方法将玩具要回来。

这样处理后，孩子下次再遇到生气的场景时，除了无能为力的哭闹外，他就有了一套合理的处理方式。反过来，如果像例子中男孩妈妈那样，男孩下一次还是会重复同样的发泄方式，因为他不知道自己是“生气”了，不知道怎么表达，更不会处理。除此之外，他还会模仿爸爸妈妈，如果爸爸妈妈生气时吼叫，他也会如此，如果爸爸妈妈吵架摔东西，他也会这样。

一个要好的朋友曾跟我说，她觉得自己现在越来越像自己的妈妈了。

朋友的妈妈是个特别情绪化的人，生活中一遇到不顺心的事情，很容易就会情绪失控，经常当着她的面又哭又闹，甚至是自己打自己。

朋友第一次见到妈妈自己打自己时吓了一跳，后来就非常讨厌妈妈这样做，但慢慢地她发现自己也在无形中变成了那样，遇到一点事情就好像天塌了似的，情绪马上就上来。

一般情况下，父母不懂得控制自己的情绪，就不可能合理应对孩子的情绪，更不可能教孩子合理处理自己的情绪，而孩子在无知的情况下，自然而然地就会学习身边的人，再加上他们模仿能力极强，很容易就会复刻他人的行为。

如果你认真观察感受过，就会发现，脾气暴躁的父母大多会有脾气暴躁的孩子，行事容易冲动的父母，他们的孩子也不会冷静到哪里去。

此外，父母的不良情绪也会影响孩子的心理健康。大量的调查表明，父母情绪稳定，孩子更具幸福感和安全感。

之前看到过一个新闻，一个13岁的男孩，因为忘带钥匙，被亲妈硬逼着爬上三楼阳台从窗户中进去。视频中，男孩悬在10米高的半空中尖叫大哭，妈妈却还在下面不管不顾地把他往上推，最终男孩由于没爬进去，又被妈妈打了一顿。

情绪不稳定的父母一旦发泄起来就会不管不顾，不计后果，甚至达到疯狂的地步，不管发泄的对象是不是孩子，对孩子来说都是一种折磨。这种恐惧会伴随孩子很久，让他变得没有安全感，对很多事情都容易惴惴不安。

看到这，有的父母可能会说，随便发泄情绪会给孩子造成这么多不利影响，那么，我刻意压制是不是就可以了。

比如，一些父母认为我只要不当着孩子的面发泄就没事，孩子进了自己房间，在外面玩的时候再吵架，再发泄，并且在处理孩子的问题时，好好控制自己的情绪，就不会有什么负面影响。还有一些父母认为，只要不大声叫嚷，不动手，就不会对孩子产生不好的影响。

然而，事实却是，孩子对父母的情绪觉察是相当敏锐的，背着孩子偷偷吵，刻意压低的嗓音和乖戾语气只会加重孩子的愧疚——为了我，父母连吵架、发脾气都偷偷摸摸的。

研究表明，原生家庭成员之间的紧张关系，包括情感冷漠、冷战、假意恩爱等让孩子感受到的恐惧不亚于正面冲突。父母的表面和谐和压抑发泄会带给孩子一种无形的压迫感，使得他们更加小心翼翼，缺乏安全感。

更明显的一个情景，就是不和谐的婚姻到达一定程度后，反而不如离婚有利于孩子成长。

可以说，父母的情绪对孩子的影响是深刻而全面的，即使很久以后，孩子远离了父母生活，在他们的为人处世上也会有意无意地彰显着父母对待情绪的影子。

其实不管是随意发泄还是刻意压制，彰显出来的都是情绪在掌控人，而不是人拿捏了情绪，所以父母应该做的就是修炼自己掌控情绪的能力，实现“情绪自由”，达到一种“绝大部分时间可以保持情绪稳定，在极端情况下还可以选择合理渠道发泄”的状态。

在这里，给父母们列举一些可以强制自己保持冷静平和的小技巧。

技巧一，牢记几句“冷静箴言”，在情绪快要失控时默念。

比如“我发脾气是无用的”“我生气的样子很丑”“我可以控制住自己的情绪，我必须冷静下来”……这些箴言起到的就是心理暗示作用，可以破坏情绪本身的增长和发散。

由于我们习惯了某种情绪处理模式，刚开始肯定常常会忘记这样去做，没关系，慢慢来，只要你有这个意识，通过刻意训练，渐渐就会习惯，最终形成一种条件反射：只要一察觉到自己情绪快要无法控制，脑海里就会浮现“冷静箴言”，然后接受箴言的警示，真正冷静下来。

技巧二，学会“积极暂停”，如果说“冷静箴言”是心理上的阻断，那么“积极暂停”主要指的就是生理上的隔绝。

很多防止情绪大爆发的方法中都会写到远离现场，与让你愤怒的、悲伤的人和事隔开距离，待到冷静时再处理，这就是“急停”。

但事实上，仅仅离开现场是很难急停下来的，所以我们还需要更多的物理辅助，来降低生理上的反应。你可以选择那些让自己感到最舒服最自在的事情去做，比如在柔软的床上躺一会儿、舒舒服服地泡个澡、去公园里溜达一圈等，这就是一种“积极暂停”，比“急停”更能对情绪起到调节作用。

当然了，这些技巧都是治标不治本，最重要的是要找到自己在面对问题和冲突时思维模式的不恰当之处，这样才能从根本上解决情绪不稳定的问题。

一般情况下，不会掌控情绪的人，往往是将情绪大于事实，遇事最先想的不是解决问题，而是通过联想、想象出不好的情况来加重自己的情绪，就拿上面忘记带钥匙的孩子事例来说，得知了这一状况，孩子妈妈首先想到的就是进不去家门，有很多事情被耽误了，计划被打乱了，想要进去又要找人开锁很麻烦，这样越想就会越生气。

其实，这种情况下，最应该做的就是直接思考应该如何开锁，然后按照可行的方式一一进行。

有人说，父母情绪平稳就是对孩子最好的教育，是不是最好的教育难以言说，但孩子会通过和父母互动的过程来感知、认识并对待这个世界，他们的模式很大一部分来自父母，父母如何处理情绪，将影响孩子如何面对人生。

爱发脾气的孩子，才不是被惯坏了

孩子的哭闹、发脾气，对父母来说，就像是洪水猛兽，唯恐避之不及，如果孩子在大庭广众下发脾气，就更是父母们的噩梦了。

我不止一次听到家长们吐槽发脾气的小孩是多么多么讨厌——哭个没完没了，好像别人都欠他似的；跟我吹胡子瞪眼，一点不懂事；像头倔驴，说什么都不听；嚷嚷得全世界都能听见，没理气也壮……

当然，也有很多家长对此表示担心——孩子动不动就摔东西，是不是有暴力倾向？孩子特别爱哭，是不是身体出了问题？

总之，对于孩子发脾气，家长们一般表现出来的都是消极和抵制的态度，会认为爱发脾气的孩子都是被惯坏了的，总是千方百计地想要控制孩子发脾气。

但儿童心理学家却说，孩子发脾气，是父母的幸运，父母应该为此感到高兴。

这是为什么呢？

邻居家一向乖巧的女儿萌萌突然离家出走了，这让我们周围几户人家都感到很诧异。

萌萌就是那种传说中“别人家的孩子”，在大家眼中，她聪明懂事，在学校学习上进，成绩好，在家里还经常帮父母干活。

好在报警及时，很快萌萌就被找回来了。但是小姑娘回到家后，却一反常态，见谁也不打招呼，表情十分冷漠，气色也不太好。后来看了心理医生才知道，萌萌这是抑郁症前兆。

邻居一直信奉“女孩要温柔大方，像大家闺秀一样”的教育方针，所以，她从萌萌很小的时候，就告诉她，女孩不能发脾气，一定要细声细语，不能发怒。

萌萌也一直落实得很好，至少我们从没见过这孩子大声叫嚷过。

上了初中后，进入青春期的萌萌，情绪变得丰富了，也有些不稳定，偶尔有控制不住的时候，可能会跟妈妈吵几句，每当这时候，邻居就会实施冷暴力，很长时间不给孩子好脸色看，之后萌萌就再也不敢轻易闹脾气了。

时间一长，压抑的情绪达到了上限，萌萌就爆发了。

喜怒哀乐，是人之常情。每个人都会产生愤怒情绪，每个人也都会有控制不住情绪的时候，发脾气不过是一种排解愤怒情绪的最直接快速的途径。

发脾气不是一件坏事，爱发脾气的孩子也不全都是被惯坏了的。大人总爱给孩子的情绪划分界限，觉得高兴快乐就是好情绪，生气难过就是坏情绪，但事实上，任何一种情绪都是孩子对世界反映的一部分，尤其“坏情绪”更不该被压抑和遏制。

当你在为孩子撒泼打滚而感到心烦时，或许不会想到这些情绪如果不发泄出来，将来就会成为导致孩子抑郁的主要原因；当你在为孩子的大喊大叫感到生气时，或许不会知道这些喊叫背后的情绪如果积压在孩子心里是怎样的重量。

你不得不重视起来，因为现实中像萌萌一样经常压抑自己的愤怒情绪，变得抑郁悲观，到最后选择了极端的方式去排解的孩子有很多。虽然，他们看起来都很活泼很开朗，但其实内心世界早已是碎瓦破砖满地。愤恨、痛苦、不甘的消极情绪若是长期积压在体内，带来的危害不言而喻。

当然，我们也并不是要鼓励家长放任孩子发脾气，而是希望家长能够客观地看待孩子发脾气这件事情，进而给以合适的反应和引导。

首先，发脾气是孩子所必需的，它可以让孩子快速地将自己体内不良的情绪释放出去，减轻心理负重，同时这也是孩子的一种敢于表达自我、坚持自我的表现。

研究表明，不同年龄阶段的孩子都会发脾气，这背后隐藏的是孩子更深层次的精神需求。

2岁以下，孩子发脾气多是因为需求没有得到及时满足。比如，口渴了想要喝水，但是大人没有发觉，就会大哭；累了想睡觉了，但是因为某些原因睡不了也会哭闹……

这一阶段的孩子，开始尝试走路，有了独立做事的意识，但能力不足，对自我和他人的概念不清楚，也很难和父母进行言语沟通，发脾气就成了惯常的情绪表达方式。

2岁到4岁的孩子发脾气，多是因为自我秩序被外界打破。比如，想要先穿衬衫再穿裤子，如果顺序反了就会着急；想要先吃巧克力再吃饭，如果被反对，就会哭闹。

这一阶段的孩子，独立意识更强，已经开始自行安排自己的一些事务，但由于认知能力不足，可能安排得并不合理，但是他们是意识不到的，只知道自己的秩序被破坏了、被反对了就会不舒服，然后开始发脾气。

4岁到8岁宝宝发脾气，多是自尊心在“作祟”。这一时期的孩子，在自我意识增强的同时，自尊心越来越强，他们迫切地想要独立做好很多事情，但也因此不能很好地应对挫折，一旦有了不顺心，尤其是向他人许下诺言、在旁人在场的情况下，就很容易会情绪暴走。

8岁以后，进入青春期的孩子，发脾气多是因为生活被过度干预，想要维护自我决定的能力。这时候的孩子已经感觉到自己长大，应该自己决定自己的一切，但凡这一想法遭到质疑和挑战，就会马上情绪失控。

当然了，不同的孩子在不同的阶段表现出来的状态也是不同的，但只要在可控范围内，就是正常的。

其次，要知道脾气在任性、施压之外，更多的是求救。

大多数父母对于孩子发脾气的感受就是，孩子在用偏激的暴躁的方式跟我对抗，想让我拿他没办法，最后顺从于他，如果我遂了他的意，下次肯定会变本加厉。

事实上，并非如此。从心理学的角度来看，一个人只有无计可施时，才会将自己最糟糕、最失控的一面展现出来，也就是说，一个人发脾气时，正是他最脆弱的时候。

孩子发脾气看似是在施压、示威，实际上却是在展示自己的脆弱和无助，是在求救：爸爸妈妈，我心里很不舒服，我应该怎么办？

而孩子选择对父母发脾气，也正是出于对父母的信任，因为他把父母当作唯一的依靠，相信父母是爱他的，无论他表现出什么样，父母也不会抛弃他、不管他，所以才会把自己最无助、最癫狂的一面展现出来。

对于此，父母的确应该感到庆幸，因为这最起码表明孩子是懂得爱自己的，是信任父母的，是愿意跟父母交心的。若孩子连脾气都不敢在你面前发，那才是真的出了问题。

正如作家雷布斯所说："孩子冲你发脾气，是想让你走进他的内心解决问题，我们应该高兴才是。"

此外，还有很重要的一点，那就是，孩子发脾气时正是直白地暴露问题时，也正是教育的好时机。比如不正确的观念、不合适的发泄方式、不够全面的认知等，当然，这时候的教育要用对方法，否则得不偿失。

哈佛大学讲师、耶鲁大学心理学博士大卫·苏珊就曾提出：一个人的情商有一个非常大的决定因素，叫作情绪敏感力，情绪敏感力高者，情商往往也很高，反之，情商较低。而一个人情绪敏感力的高低，主要取决于小时候他释放情感时，父母对他的态度。换言之，孩子情绪爆发时家长如何回应，直接影响了孩子情商的高低。

有位演员曾在一档节目上透露自己小时候不敢发脾气，因为害怕被妈妈打。这样的经历给她留下了很大的阴影，导致她很长一段时间不敢多说话，也不敢主动交朋友，甚至于差点患上自闭症。

教育学者称，孩子发脾气时，父母有两种应对方法是不可取的。可这两种方法也是现实生活中，家长们最爱用的。

第一是“硬碰硬”，孩子叫嚷，你比他叫嚷得更厉害；孩子越是不想做什么，你就越是强迫他。孩子一发脾气，家长也跟着暴躁起来，这不仅不能解决问题，还会让孩子对父母产生怀疑：他们真的爱我吗？他们真的能帮助我走出困境吗？

以后再遇到同样的事情，孩子就会选择闭口不言，即使是发脾气的方式，他们也懒得说，这样看起来他们好像是懂事了、听话了、正常了，但其实这正是不正常的开端。

第二是“冷暴力”，也就是例子中萌萌妈妈所用的方式，孩子一有点小任性，就不搭理孩子，不给孩子好脸色看。

很多家长们会觉得，孩子在发脾气时如果去劝他理他，孩子就会被“惯得”越来越严重，与其费尽心力地哄半天，不如把他晾一边，他哭够了、闹累了，自然就会好。

这样做，孩子表面的情绪或许能够稳定下来，但是表面之下的暗流涌动却久久不会平静。发脾气时总是被冷漠对待的孩子，很有可能在某一个瞬间做出特别疯狂的举动，并且很容易患上心理疾病。

发脾气是孩子成长的必要过程，因为只有通过这样的经历，再加上父母的合理引导，他们才能学会如何控制自我情绪，如何应对挫折，获得与之相关的一系列能力。

家长们应当客观地看待孩子发脾气，爱发脾气的孩子才不是被惯坏了，相反，那些看起来总是特别冷静温和的孩子，才更有理由被关注。

请教会孩子这样发泄情绪

孩子进行情绪宣泄是正常的，但是如果超出了限度（次数和程度），也会引发不良后果。比如有的孩子生气时会砸坏东西，有的孩子愤怒的时候会打人，有的孩子动不动就气急败坏导致身体出现问题等。

因此，教会孩子如何发泄情绪，学会正确地生气、愤怒，甚至悲伤、兴奋，都是很有必要的。

前面一节我们已经提到，在应对孩子情绪时，有两种方式是不可取的，一是硬碰硬，二是冷暴力。

通过生活中的具体场景，我们可以清楚地发现，在这两种方式中，父母的情绪都是在被孩子的情绪牵着走，因而做出了不正确的回应。所以，父母一定要先控制好自己的情绪，再去教孩子管理情绪，这也正是本章第一节的内容，本节所讲述的方法也都是建立在这一基础之上的。

当然了，情绪宣泄一般还是以消极情绪为主，那么我们就以“生气”这一常见的且难以处理的情绪为例，来讲述家长究竟该如何应对。

首先，妈妈们要明白一件事，那就是发脾气都是有原因的，孩子也是一样，你所谓的“动不动”“突然间”，只不过是“没有真正走入孩子的内心”的托词。

然后，不要着急找出让孩子生气愤怒的原因，而是要“帮助和鼓励”孩子发完脾气。儿童心理学者黛博拉·麦克纳马拉博士曾说过：“让孩子将脾气发完，而不要试图阻止孩子发脾气。发脾气本身是无害的，阻止发脾气才是。”

其实很多孩子最开始发脾气的时候，并不理解这种情绪，不知道自己是在生气，而家长的任务就是要让孩子接受自己的情绪，意识到自己是在生气，然后通过一定的方式将这种情绪发泄出来。

我曾看过国外网站上一个很火的爸爸应对孩子闹脾气的短片：

女儿不知道因为什么事情开始哭闹大发脾气，一旁的爸爸虽然不明所以，但也没有着急制止，而是蹲下来，用真挚的眼神和温柔的语气，轻轻地说道：“宝贝，爸爸知道你是在生气，生气没什么大不了的，你可以生我的气也可以生妈妈的气，甚至生自己的气，但是不要让这种心情支配你太久，因为一直愤怒对你不好。”

女孩听了爸爸的话，平静了很多。

很多家长面对孩子发脾气时，第一想法就是制止，尤其是在大庭广众下，碍于面子，不希望孩子大哭大闹，但一般越是这样孩子越会闹得更厉害。这是因为，父母的制止让孩子感觉到了自己的孤立无援，因而产生了更多的消极情绪，也就会哭闹得更加厉害。

而这位外国爸爸不仅没有让孩子“不许哭”，还站在孩子的角度理解和包容孩子的情绪，那些语气温和的话让孩子感觉到爸爸在帮助她的同时，也知道了这种不舒服的感觉叫作“生气”，并且产生这种感觉是正常的，于是渐渐平静了下来。这预示着，孩子接受了自己的情绪。

爸爸又紧接着安慰道：“不管你生谁的气，有多么愤怒，爸爸妈妈仍旧爱你，我们依然会保护你，我们爱你不受到影响。”

对比很多家长在孩子发脾气时会说的“你怎么这么烦人”“再哭就不要你了”，这段话是多么暖心和可贵。孩子产生愤怒情绪时，本就会感到无助，若父母再施以威胁恐吓，可想而知孩子将会产生怎样的恐惧，这也是为什么有的孩子你越是不让他闹，越是威胁他不许哭，他越是哭闹得厉害。

有的时候，孩子哭闹并不是为了得到什么，只是为了确定父母对自己的爱。对于年幼的孩子而言，安全感是他们最初力量的来源，甚至是很多行为的基础，孩子只有在获得足够安全感以后，才会有精力有动力去发展其他方面的技能。

而父母对他们的爱就是安全感的主要产生途径，尤其是在他们不够好、做错事情的时候，父母的肯定和抚慰将会带给他们无穷的力量。

所以，请在孩子发脾气的时候，告诉他——你依然爱他。

当孩子真正平静下来之后，父母就要接收孩子的求救信号，找出让他们生气的原因，和孩子一起解决问题。

孩子发脾气的根源就是他遇到了自我感觉无法解决的事情，想来想去毫无办法，那就哭吧、闹吧，这样才能引起大人的注意，或许问题就解决了。

所以父母的任务就是找到这个难倒孩子、让他不开心的原因，然后将其合理解决。

视频中的爸爸通过询问得知，是自己的玩笑让女儿觉得是在骂她，所以才会生气，他就很认真地给女儿道了歉，并解释道："开玩笑也是我们表达爱意的一种方式，有时候你也会开我的玩笑，我有时候不介意，有时候也会有点生气，没关系，重要的是说出来。以后我会尊重你的底线，绝不越线，所以请你告诉我你的底线是什么？"

我想，这种对于孩子诚恳的尊重的态度是大多数父母都不具备的。很多父母潜意识里根本不把孩子当成独立的个体来看待，因此总是敷衍了事，忽略孩子细微的心理，否定他们情绪的意义，不会站在他们的角度考虑问题。

家长们不曾了解的是，在你眼中微不足道的事情，在孩子看来可能比天还要大，你轻飘飘的一句略过，孩子的世界却崩塌了一角。

其实只要有耐心和爱，任何引发孩子发脾气的事情都是可以很好地解决的，重要的是让孩子感觉到你对他的尊重和在意。

当然，有的孩子在发泄时，会有影响别人的、不合时宜的举动，若是存在这些行为，父母可以适当引导，让他把不好的行为替换下来。

比如有个孩子一生气就爱打人，他的妈妈引导他使用"生气 ABCD 法"，让他把"生气就打人"的行为，替换成"生气就

ABCD”的行为：

A 动作——闻花香

B 动作——吹气球

C 动作——跺跺脚

D 工具——去发泄小屋

视频中的爸爸在最后也告诉了女儿类似的发泄情绪的方法，如跺脚、摔枕头等。孩子发脾气让父母心烦，就是因为他们不具备控制调整情绪的能力，不能够成熟地处理这种感受，在这过程中往往会做出特别失控的行为。所以，父母要想彻底摆脱这种烦恼，就要让孩子学会合理表达自己的情绪，除了上面提到的一系列发泄方式外，还有很关键的一点就是，让他学会将自己的感受准确地说出来。

每次孩子发脾气时，等他的情绪淡了一些，可以尝试问一些能用“是或不是”回答的问题：“爸爸不让你买冰激凌，会让你感到很难过吗？”“小朋友没经过你的同意就把玩具拿走了，你感到很生气是不是？”

不仅仅是生气，其他的情绪也都可以使用这种方式。用简单、准确的语言来反映并描述情感，会教给孩子明确自己的感受，让孩子通过不断练习，做到用词汇而不是用哭闹或其他不好的举动来表达感受。

我有个同事的女儿就是这样，每次她生气了、不高兴了、难过了，都会直接说出来，很少哭闹。

记得有一次我和她还有她妈妈一起出去逛街，在商场里她看中了一个玩具想买下来，但当时她妈妈突然有急事要去公司，就有些不耐烦地说了一句：“哎呀，你不是有好多差不多的吗，这个就不买了。”

听见妈妈说这话，小姑娘马上一跺脚，掐着腰说：“妈妈，你这样说话让我很生气，也很难过，你为什么这么凶我呢？”

女儿这么一说，妈妈也马上反应过来给她道了歉，然后约定改天再来买。

整个过程孩子没有哭闹，大人也没有指责，我在一旁看了觉得很是新奇。

当孩子习惯了用语言来描述感受时，就能很大程度上减少因为情绪宣泄导致的亲子矛盾。

从某种程度上来讲，孩子产生消极情绪是一件“好事”，一方面这是建立良好的亲子关系、巩固孩子对父母的信任的最佳时机，当孩子发现，你在他“很糟糕”的时候，还愿意如此真诚、耐心地和他交流，他就会很快从这样的情绪中走出来，也会更愿意和你分享他真实的内心世界，另一方面也是让孩子快速学习和掌握各种沟通技能的捷径。

所以，孩子有消极情绪时父母一定要好好应对，这关系着孩子对于父母的信任，更关系着孩子未来的心理健康和人际交往能力。

最后，希望每个不懂得处理情绪的孩子都能在父母的爱中收敛起张牙舞爪的模样，在父母积极的引导下，坚定平和地成长。

“乖”和“懂事”不该是夸奖孩子的词语

一直以来，“懂事”和“乖”是家长们最爱用来夸奖孩子的词语，也是大人们对小孩子的最高赞誉。

在孩子成长的过程中，在他们生活的各个领域，大人们总会有意无意地用“乖”来衡量孩子的好坏。在学校听老师话的孩子就是好学生，在家里听父母话的孩子就是好孩子，不跟弟弟妹妹抢玩具就是好哥哥好姐姐。那些乖乖听话，循规蹈矩的孩子总是会被家人、老师赞扬有加，而淘气、叛逆的孩子总是会被处罚、批评。

总之，孩子的懂事和乖，就是他好好成长的标志，是值得鼓励和称赞的。

事实上，这真是大错特错，“乖”和“懂事”才不应该是夸奖孩子的词语，总是被这样称赞的孩子，很大可能“长不好”。

“乖”和“懂事”本身并没有问题，关键在于父母的目的。对于很多大人来讲，他们夸奖孩子乖和懂事，其实是在肯定孩子的那种无条件顺从大人的行为，因为他们要的就是孩子的听话，孩子的绝对服从。

记得小时候，有一次和奶奶去街上玩，碰到一个卖糖人的，奶奶指着糖人问我：“你要吃一个吗？”

我刚说出一个“想”字，奶奶就皱起了眉头，于是我马上摇摇头改了口：“不想要！”奶奶马上扬起了笑脸，直夸我“真乖”。

从那之后，我就知道，有时候想要什么东西也不能说出来，因为大人会不高兴。

上面案例中，“我”的“乖”和“懂事”，意味着对孩子自我意识的否定和剥夺，意味着孩子不能释放自已的情绪和欲望。是的，如果孩子按照大人的意愿行事，的确有利于大人的管教，但却不利于孩子自身的成长。

孩子认为，他只有表现出父母所希望的样子，他才能得到父母的喜欢和爱，这会让他逐渐忘记去想自己想要的是什么，而习惯于先考虑父母，在意外界的评价，并且这种思维模式会从父母这层关系逐渐延伸到更广的范围，以至于到最后，孩子会成为一个“表演型”的人，一个靠讨好别人来换取别人喜欢的人。

固然，作为群居动物，外界的评价和肯定对我们来说很重要，但是再重要也不能淹没了个体主观意识的展现。个体自我意识和外界评价（包括父母）之间的关系，本应该是，个体通过自我意识的展现，努力得到他人的肯定，从而获得自信心和幸福感。这一过程中，个体的自我意识始终是占据主导地位的，这是个体内心独立强大的基础，如果反过来，个体的内心就会是脆弱空虚的，很容易被动摇和摧毁。

这也是为什么，那些小时候很乖很懂事的孩子，长大后会更容易出现心理问题，更容易遇事冲动和崩溃。

他人的肯定很重要，但即使得不到任何夸奖和关注也有自己愿意努力的事也很重要。如果仅仅把个人的价值依附于他人评价和喜欢与否之上，那么摧毁或掌控一个人就有点太容易了。

也有的父母会说，我夸孩子“乖”和“懂事”没有这样那样的目的，就是单纯地想夸他而已，这样也不行吗？

是的，因为你觉得孩子能感受到的，和孩子自己真实感受到的是不同的，有一位网友的分享正契合这一问题：

> 记得多年前，有一次和家人亲戚一起去逛街，带了好多孩子，而我是他们当中最大的一个。
>
> 一路上有很多好玩的好吃的，酸酸甜甜的糖葫芦、像云一样蓬松的粉色棉花糖、香喷喷热腾腾的牛肉面、让人眼花缭乱的零食和点心……我都想要，都想吃。
>
> 大人们偶尔会停下来问孩子们：“你们想吃什么呀？”弟弟妹妹们争先恐后把自己中意的东西指给他们看。我也想加入他们，想像他们一样毫不犹豫地说出自己想吃的东西，但是妈妈问到我时，我却摇摇头说：“我什么都不要。”
>
> 妈妈摸了摸我的头，欣慰地说：“真乖。”然后温柔地去揪妹妹的耳朵：“你看你姐姐多懂事，什么都不要。”
>
> 我得到了一句“真乖”的表扬，而弟弟妹妹们得到了他们想要的。大人们都欣慰我的懂事，可他们却不知道，对于一个小孩儿来说，吃不到“糖”就是天底下最悲伤的事。

这位网友的家庭条件不是很好，妈妈总是有意无意地将这件事告诉她，希望她能懂事不随便买东西。站在妈妈的角度，孩子主动表示不要东西的这个行为是理解了她的苦心，懂得了父母的不易，因此她很欣慰，从心底里觉得孩子应该被夸。

但是，这位网友感受更深的却是，那些东西她很想要，可是要了妈妈就会不高兴，她就不是好孩子了，就得不到夸奖了。

也就是说，不管你是不是出于让孩子听话的目的，只要你在某些情况下，使用了“乖”和“懂事”来夸奖孩子，孩子就会以为只有压抑自己的喜好、意愿才能得到认可和爱。

这种场景，就是孩子明显地压抑自我天性的时候，这是很容易判断的，一般孩子喜欢的事物大都是相似的，没有小孩子会拒绝美食、玩具、好玩的东西……所以在别的孩子都争先恐后地想要某个东西想做某件事情，而你的孩子却选择不做时，不要夸他懂事、乖巧、真棒，更应该弄清楚这背后的真实原因。

允许且适当鼓励孩子个性的表现和情绪的发泄。有时候，我们要求孩子做一些事情时，他们会哭，会闹，会不顺从，这是非常正常的，父母应当给予理解，即使最后要让他们按照我们所说的去做，也要对他们的意愿进行了解，并解释为什么要这样去做，而不是使用冷落、暴力、道德绑架等方式逼他们乖乖就范。

这样，即使孩子没有按照自己的意愿行事，他也知道自己的想法是被认可的，只不过这种情况下不适合那样去做，也就不会自我压抑了。

其实，很多父母用来夸赞孩子“乖”“懂事”“真棒”的场景，本质上应该是表达对孩子的谢意。因此，父母可以多用“谢谢”来代替夸奖。

孩子帮忙拿了东西，孩子因为体谅父母而不乱花钱，孩子给爷爷奶奶捶背，孩子为了弟弟妹妹开心把玩具让给了他们……这些时候，比起夸奖，我们更应该谢谢他们，谢谢他们给我们帮忙，谢谢他们理解我们，谢谢他们不怕劳累地照顾爷爷奶奶，谢谢他们牺牲自己的喜好让着弟弟妹妹。

然而，为什么我们习惯于对孩子说“乖”呢？

乖是什么？乖，是成人给孩子提供的一种“正确的”生活方式，一种居高临下的变相要求。当我们把上述任何情境中的孩子换成一个成人时，我们都不会说“乖”。说孩子“乖”是告诉他们，你要活得正确，这样做就对了。这是在抹杀孩子的真自我，引诱他们建立假自我，所以，父母要尝试着用对待成人的方式对待孩子。

除了用谢谢代替，我们还可以为“乖”和“懂事”多加些修饰语，将结果与孩子的内在动机联系起来。

我们常常以为，直截了当地夸奖孩子能促使他向好并建立自信，但近年来广泛的研究发现，这种夸奖会损害孩子的学习动机、心理弹性（抗压能力），甚至在某种程度上阻碍他们的人生。

这一观点涉及的表扬包括“你真棒”“你真厉害”“你真聪明”等，其实也同样适用于“你真乖”“你真懂事”。当我们直接用这些语句来称赞孩子时，他们因为害怕失去这样的称赞，反而会变得脆弱和不自信。

最简单的解决方法，就是添加一些修饰语句去解释这些笼统的称赞，并且，解释性的语句要以鼓励孩子的内在动机为主。

比如，把“真懂事”延伸为“妈妈知道你也很想要，但是因为心疼妈妈却选择了不要，你真的很懂事，谢谢你对妈妈这么好，但即便你不这么做，妈妈也不会怪你的”。把“你真棒”延伸为“你真的很棒，这次表现得很好，看得出来你很努力，你是通过自己的付出得到了这样的结果”。

我们说，“乖”和“懂事”不应该用来夸奖孩子，并不是禁止父母们使用这样的词语，而是让父母们知道，让孩子展露出真我，敢于释放和发泄的重要性。

乖和懂事，是所谓“好孩子”存在的价值，但却不是一个幸福的孩子、一个内心强大的孩子应当具备的特征。

作为父母，我们在教孩子如何和世界和平相处，如何赢得他人认可和喜爱的同时，更应该引导他们如何与自我相处，如何建立起强大的内心，如何对生活保持着热爱。

而这些都建立在，让孩子明白“他们不需要去靠伪装和表演去取悦任何人，不管他们是不是别人眼中的好孩子、乖孩子，父母都会爱他们”的基础之上。

没人能说服孩子，除非他自己愿意

“讲道理”是很多人一贯推崇的教育方式，与打骂和冷暴力比起来，要积极正向得多。但是，人们也往往会发现，讲道理对很多孩子是无用的，甚至有时候越是讲道理的家长，他的孩子越是逆反得严重，所以，有很多喜欢用暴力解决问题的父母，从一开始其实也想跟孩子讲道理，可孩子根本不听，最后被逼得只能发脾气或动手。

有位家长就讲述了这么一件事：

儿子最近染上了一个坏习惯，特别喜欢在人多的地方大喊大叫，每次还都是冷不丁地嗷一嗓子，常常把我和周围的人都吓一跳。

我本来就不是喜欢发脾气、打孩子的家长，在没有孩子前，我就对那些喜欢使用暴力手段的家长嗤之以鼻，发誓自己将来有了孩子绝不会那样。所以，一直以来我都是秉承着好好跟孩子说话的观念来教育孩子，这一次也不例外。

最初，刚发现孩子这个问题时，我都是好声好气地跟他讲道理：“这是公共场合，我们不能这么做，会把别人吓到的，这是不礼貌的。”

每次我这么说的时候，孩子都会摆弄他自己的手指，一言不发，我以为他听进了心里，没想到却是左耳朵进右耳朵出，屡教屡犯。

终于有一次，我实在是受不了。那次我跟他正在商场里吃饭，周围都是人，还有不少小婴儿，儿子突然间来了一嗓子，吓得我差点把饭撒了，旁边一个小孩子也被吓哭了。

我非常生气地把他训斥了一顿，并且差点动手打了他。说实话这样处理，事后我也很后悔，但是我也没办法，谁让和他好好讲道理却不听呢？

为什么会这样呢？为什么好好跟孩子说话，他却不听呢？难道给他讲道理反倒还讲出“错”来了。

给孩子讲道理没错，错的是，家长把讲道理本身当成一种科学的教育，用自己的大道理来压制孩子。讲道理只不过是教育中很小的一个环节，在此前后都需要其他的方式进行辅助，而不是直接给孩子灌输并让他自己消化。

像例子中妈妈那样讲道理，乍一看似乎没有什么问题，但事实上却忽略了一个很重要的事情，那就是孩子真的愿意听你说吗？

如果他真的愿意听你说，就不会在你说的过程中自顾自地抠手指而不给予任何回应。教育并不是一件“告诉”和“被告知”的事情，而是一个主动的、建设性的过程，一味对孩子说教，根本起不了任何作用。

理论上，没有人能说服另一个人按照自己的意愿行事，除非那个人本来就想听，更通俗点说，孩子如果不想听，你说再多，说得再好也没什么用，反而会适得其反。

因为每个人都有属于自己的一套行事理论和逻辑，这无关年龄，如果强硬地在其身上施加另一套理论和逻辑，自然就会受到抵制。父母给孩子讲道理，孩子不听，就是因为如此。孩子并不是要挑战父母的权威，而是他觉得他和父母有着一样的权威，当父母想要用权威来压制他时，他就只能用抵触的方式来维护自己的权威。

说教进行不下去、对孩子起不了作用的原因，很多时候都是孩子根本不想听，所以，让孩子能够“听”道理的关键，就是让他消除抵触的情绪，从心底里愿意听父母去说。

那么，如何才能消除孩子的抵触情绪呢？

讲道理前，先从孩子行为背后的动机入手，找到切入口。

其实孩子的很多行为尤其是那些看起来奇怪的、难以理解的行为，背后都是有着属于孩子的一套理论的。

就拿上面的例子来说，男孩喜欢在公共场合大喊大叫是因为他本身就享受那种被人注视的感觉，并且觉得这样特别好玩。

如果妈妈能够体会他这样的心情，再加以教育，效果肯定和现在是不同的。而妈妈没有了解到孩子这样做的理由就直接告诉他你这样做是不对的，只会让孩子觉得，我这样玩一下也不行吗？你就是不想让我开心，那我偏要这样。

所以，合理的方式应该是先问孩子，“你为什么这样做呢？”并引导他说出原因，“你觉得这样很有趣是不是？”“你很喜欢这样玩对吗？”然后对他的感觉表示理解，“妈妈很能理解你的这种感受，因为妈妈也曾经像你一样过。”

这样的开场白，很大程度上不会激起孩子的过多的抵触情绪，那么，接下来就可以给孩子讲道理了。但要注意，讲道理时，不能带有强烈的情绪，说教的时间不能太长。

和孩子讲道理，有一个黄金法则，就是硬道理不能超过三句，超过三句，就是啰唆，就会引起孩子的不耐烦。

一方面，孩子的注意力是有限的，当你一个人单方面诉说时，他只会认真听最开始的几句，到后面基本上就开始走神了；另一方面，孩子的理解能力相对大人来说还是有很大差距啊，如果一味灌输太多内容，他根本消化不了。

不过，除了讲硬道理，也可以选择讲故事，通过和孩子的积极互动来达到道理教育的效果，这样就无须控制在“三句”以内了。

最后，还可以从和孩子想法相通的地方入手，提出合理的解决措施。

还是用上面的例子来说，讲完道理后，妈妈可以直接给孩子指出一个解决方案：“妈妈有时候也会去外面大喊大叫，但是不是在人多的地方，而是在空旷的可以听到回声的地方，那样也很好玩，还不会打扰别人，有时间我们一起去大喊怎么样？”

提出的方案要既能满足孩子的要求，也能符合父母的教育目的，如果没有，那就不要进行这一步，如果有就提出来，更能降低孩子的抵触情绪。

当父母用上面的过程说教孩子时，孩子就会感受到，父母和他并不是对立的，你们的想法是有相通之处的，你们各自的权威是可以共存的，他也就不会抵触，并且会尝试着按照父母的建议去修正自己的行为。

没有人能说服孩子，除非他自己愿意，实际上，问题的关键还是孩子的情绪，父母如何避免激起孩子的反感情绪或者在抵触情绪已经产生的情况下如何使其消减，是关键中的关键。

家长可以直接给孩子讲一些正确的道理，但如果孩子不听，就应该考虑换一种说法。实践证明，想要孩子接受一个观点，从情绪上入手最容易，通过问答的方式，调动孩子去思考，刺激他天性中善良的一面，这样的方法屡试不爽。

倘若是在孩子情绪比较激动的情况下，一定要先让他把情绪排解出来，再进行道理教育，否则会更容易引起孩子的抵触。

女儿和朋友逛街回来，口袋里的钱丢了。

她临出门前，我千叮咛万嘱咐，一定要背个包带着随身物品，因为她的衣服口袋很小，放东西的话肯定很容易掉出来。

也不知道是嫌麻烦还是忘记了，她还是没有带。

进了家门，女儿的脸色很是不好，我一问原来是钱丢了，这更让我气不打一处来："你走之前，我怎么说的，你偏不听，你的口袋那么小，你又要拿那么多东西，怎么想都不安全啊，这么简单的道理你……"

"你别说了，我知道了，啰啰唆唆的烦不烦！不就是几块钱吗？"没等我说完，女儿就不耐烦地打断我，回了自己的房间。

"现在这孩子真是说不得，明明自己错了，脾气还这么大。"我心里无奈地感叹道。

我们知道如果人在气头上，或正伤心，或兴奋得不知所以，总之情绪特别“饱满”的情况下，是很难听得进去别人说什么的，尤其是在消极情绪充斥的情况下，会特别反感说教。

上面的例子表现出来的正是这样的场景，其实这种情况下，孩子通过真实的经历已经深刻体会到了妈妈所说的是对的，但也因此觉得没面子，很不开心，如果妈妈再严肃地跟她讲道理，就会刺激到她的自尊心，引起反感。

所以，在孩子本身有情绪的情况下，千万别急着讲大道理，要让他先把不好的东西清理出来，这样才更容易把好的东西放进去。

当然，有的事情、有的孩子是不适合“讲道理”的，如果尝试多次无果，不妨换个方式。

第六章

化“危”为“机”，解决亲子关系“疑难杂症”

关键是看父母有没有改变的意识和决心，通过抓住孩子受挫折的时机，给予他们最合理的教育和引导，帮助他们培养和提高相应的能力。

先了解孩子的真实需要

电影《狗十三》就讲述了这样一个父母与孩子的情感诉求相互错位的故事。

13岁女孩李玩，她的父母离了婚，就把她送到爷爷奶奶家生活，父亲再婚不敢告诉她，就买了一只小狗作为补偿，很快李玩和小狗之间就产生了深厚的感情。

表面上，李玩的生活十分幸福，爷爷奶奶会悉心照顾她的起居，不喜欢狗也帮她养狗、遛狗；父亲会在她生气的时候小心翼翼地哄她，会开心地表达情感“你真是爸爸的骄傲”……原本这样的生活，可能一直会持续下去，直到狗丢了以后，一场酝酿已久的家庭亲子战争终于不可避免地爆发了。

李玩拼了命地去找小狗“爱因斯坦”，却被家人塞了一只新买来的狗欺骗，为的就是让家里恢复平静。

李玩知道后，大哭大闹，声嘶力竭地表达自己的不满，而这些在爷爷奶奶和爸爸的眼里，就只是不懂事和无理取闹。

终于，李玩的爸爸受不了了，当着李玩的面愤怒而又无奈地喊道："我欠你的！全家都欠你的！"

爸爸的话像针一样刺入李玩的心里，她强忍着泪水，瞪着爸爸看了好久，眼神里满是绝望和感伤。

电影的最后，经过时间的洗礼，李玩终于变成了爸爸和爷爷奶奶所希望的那种懂事乖巧的女孩，可当她平静地夹起一块狗肉放进嘴里时，眼神里似乎有着曾经一样的绝望和感伤。

为什么李玩会为了一只狗变得那么疯狂？

看起来，李玩好像生活在一个和睦友爱的大家庭中，所有人都在爱着她，所有人都在迁就她。可事实上，她的情感依靠只有那只狗。

她的爸爸和爷爷奶奶不曾看到的是，当他们不管她的喜好，擅自帮她改了兴趣班时，她的难过和无助；当他们察觉不到她的乳糖不耐，而强迫她从小到大都要喝牛奶时，她的心凉与反感。

他们觉得自己用尽了心血去关心和爱护这个少女，可她感受到的只有强迫、漠视和不理解，而"爱因斯坦"的丢失，使得她的这种感受达到了不可忍受的地步。她发了疯似的寻找"爱因斯坦"，其实是在找寻自己唯一的情感依靠，但爸爸和爷爷奶奶根本不懂，他们只想让她以理智懂事的方式去接受现实。

这部电影将中国式家庭教育演绎得淋漓尽致——不管你需不需要，我这是为你好；不管你感没感受到，我就是很爱你，等你长大了就明白了。

我相信大部分父母对孩子的爱都是天生的，但我们也应该清楚，不是所有人都懂得爱的方式。中国式家庭很容易陷入一个怪圈，一方面父母爱得辛苦，为了孩子，父母可以不断地牺牲自己，无论你要不要，我都会给你。另一方面，孩子接受得无奈，父母的爱一股脑儿地砸下来，有可能是虎爸虎妈式的“棍棒底下出孝子”，也有可能是百般隐忍的“吃鱼的故事”，但无论是哪种形式，孩子都要接受，因为“我都是为你好”。

“为你好”这三个字真的太沉重了，沉重到很多孩子一听到这句话，就觉得自己被一座道德大山压得透不过气来，什么也说不出口。于是，在如此教育下，我们看到了这样的情形，父母和子女双方好像都拼尽了全力，却都得不到彼此想要的。

为什么会导致这样的情况呢？原因很简单，就是缺少有效的沟通，父母没有了解孩子的意识，也不懂得如何正确表达，只以自己的角度看问题，然后以此来管束孩子，而孩子因为反感父母的做法而忽视他们的苦心，就这样，彼此互相不理解，关系也就越来越僵。

可以说，绝大多数亲子问题都是源于沟通不畅，而导致沟通不畅的原因，很多时候都是父母没有使用合适的沟通技巧，没有合理地表达自己的想法。

朋友说，每次都下定决心跟父母推心置腹地聊一聊，却每次都被他们那句“我觉得你应该……”给击退。

从小学时候开始，每次朋友有什么事情想问问爸爸妈妈的意见时，她一开口说事，父母就会马上打断她，张口闭口“你应该这样”“你应该那样”。

朋友的初衷，是想跟父母说说自己的想法，问问他们的意见，然后综合去考虑。可她的爸爸妈妈每次都不等她说出自己的想法，就着急地表达自己的观点，久而久之，朋友就觉得没有必要再同他们商量了，反正他们也根本不在乎。

父母和孩子的沟通，本就应该是先让孩子说出自己的情况、想法、目的，再去表达父母的，如果这个顺序反了，沟通就不会顺畅，也不会有满意的结果。

那么，父母应该如何了解孩子的需要呢？

如果你的孩子本身就是乐于并能清楚地表达自己的想法的，你要做的就是认真地听他说，适时地给予回应。

如果你的孩子不擅长表达，那就要采取一些方法帮助其锻炼语言表达能力，比如和他一起看故事书，引导他复述故事；平常生活中有意识地训练他去陈述一些事情，说出自己的想法；沟通时多使用“问答”的形式，引导他一点点说出来。

如果你的孩子习惯性隐藏心事，什么都不主动说，那么父母首先就要反思自己在和孩子沟通时的状态，有没有像例子中那样，忽略孩子的想法，只顾着自己说？问问自己，关注点在哪里？是在孩子身上，聚精会神看着他感受他？还是在自己身上，只顾着自己的感受？自己的语气和音量是怎样的，有没有容易激动的表现？

和孩子沟通一定要注意用词，不能爆粗口，不能用侮辱人格的字眼，但是相比于语言，非语言沟通更加重要。

非语言沟通包括眼神、语气、音量、肢体动作等，年龄小的孩子他们可能听不太懂爸爸妈妈的话，但却能通过非语言判断爸爸妈妈的态度，进而决定自己该作何回应。

有一个很有意思的关于“语气”的研究，比较了各个国家妈妈对孩子说的话，最后得出了一个结论。

不管哪个国家的父母，当他们看到孩子做自己觉得可行的事情时，就会温柔地说：“好，可以。”但如果孩子做了危险的举动，他们就会脸色一变，紧张地喊：“停下来！不要去碰那个东西。”

年龄很小的孩子，其实是听不懂爸爸妈妈在说什么的，但是他们却依然会在父母说“可以”的时候笑起来，在父母制止的时候变得不高兴或者害怕，因为他们正是通过感受语气，知道了父母要表达的意思。

因此说，“非语言”才是孩子的母语。在孩子能听懂父母说什么的情况下，非语言也相当重要。

因为，当语言表达的内容和非语言展现的内容相悖时，语言表达的内容就会失去效用。举例来说，如果你喘着粗气、瞪着眼睛跟孩子说：“我不生气。”孩子能感受到的就是你不仅生气，而且非常愤怒。

你说话的音量是大还是小，是轻柔还是吼叫，你说话的时候身体的姿势和孩子相对的位置，你在什么地方，孩子在什么地方，你和孩子之间有没有身体接触等，这些非语言信号很大程度上影响着沟通的进程。

当然，你也可以尝试着从侧面观察，去了解孩子的需求。比如从日常的穿衣打扮、生活习惯入手，了解孩子的喜好；通过孩子和别人的交谈，了解一些他的想法等。

了解了孩子的想法之后，父母也要说出自己的愿望、要求、建议等，既不能以自我意志为中心，也不能一味妥协、牺牲自我。

父母在表达自己的想法时，最需要注意的是，切忌情绪宣泄，不要吐苦水，大谈经验，而是要遵循以下几个原则。

相关性原则：和孩子谈论个别问题时，尤其是说孩子做得不够好的地方时，要注意所说的内容和问题本身的相关性。比如说孩子迟到，就不要扯到他上课不认真，也不要把之前迟到的情况翻来覆去地说。

合理性原则：当孩子寻求你的建议时，一定要结合孩子自身情况，给出有帮助性的意见，不要仅从自己的立场和利益出发，乱提要求，比如有的家长为了自己的面子，却让孩子受委屈。

尊重性原则：我们一再强调和孩子相处，要把他们当作和自己同等的个体来对待，这说的就是尊重。中国家庭教育的僵局就是缺少尊重，可是在父母潜意识并不觉得需要尊重孩子的情况下，如何才能做到尊重呢？有一个方法就是“角色转换”，和孩子交谈时，父母可以把孩子当成医生来对待，告诉自己对面的人是医生，在这样的暗示作用下，不仅能做到尊重，还能把事情讲述得更为具体。

亲子之间，很多沟通危机就是因为父母将孩子的需求和自身对孩子的期望倒置了，从而使得双方都无法获得满足，正确的顺序应该是先了解孩子的需求，在满足孩子正当需求的基础之上引导他们向父母所希望的方向发展。

适当放弃说教，引导孩子自己说服自己

我看了《家有儿女》中的一个场景很有感悟：

处于成年边缘的夏雪，在好朋友的“怂恿”下，打算尝试新的穿衣风格。她化上了浓妆、穿上了短裙，然后走到爸爸妈妈面前让他们给出评价。

爸爸妈妈看到女儿穿成这样，大吃一惊。妈妈说：“小雪，爱美很正常，但你还是学生，怎么能穿成这样呢，你现在这个年纪，应该朴素一点儿，大方一点儿。”爸爸也说：“妈妈说得对，小雪，这不适合你，还是平常那样的打扮更好看。”

夏雪听了气呼呼地回到了房间，跟朋友说：“多大点事啊，嘴跟上了发条似的，唠叨个不停，他们有什么权利干涉我的自由，他们不让我穿，我偏要穿。”

就这样，原本并没有打算穿出去的小雪，第二天换了更夸张的吊带裙，化了浓妆出去逛街了。

和很多“明事理”的家长一样，小雪的爸爸妈妈教育小雪时，多

使用“讲道理”的方式。前面一个章节我们也提到过，怎么讲道理孩子才会不抵触，并列举出了一个简单的流程：先认同感受，再讲道理，最后提出合乎双方意愿的解决方案。但是，并不是所有的场景都适合这样讲道理。

比如像小雪这样，所谓的道理她其实都明白，也知道自己应该怎么去做，她这样只是想看看爸爸妈妈的态度，如果爸爸妈妈再长篇大论，只会让她感觉到不被理解，没有自由，就会想着反抗父母，从而引发亲子危机。

所以，这种情况下，相比于讲道理，更适合的方法是引导孩子自己说服自己。

首先是语言引导。比如，当夏雪说：爸爸妈妈你们觉得我这样打扮怎么样呢？爸爸妈妈可以说：其实我们不太习惯你这样打扮，不如你先自己给自己评价吧。

夏雪本来就觉得这身衣服有点暴露，穿出去不太好，把这样的问题抛给她，就相当于让她把心里的这种想法再强调一遍，即使她口不对心，嘴上说“我觉得挺好的啊”，真实想法的暗示作用也不会消减。

接下来，父母还可以进行更细致的引导，比如说：你会觉得裙子有点短吗？你会觉得上衣的颜色有些艳吗？你会觉得耳环有些大吗？

这些问题都是为了让夏雪把自己真实的想法说出来，或者仅仅是在脑海里过一遍，以此来让她自己说服自己。

如果仅靠语言引导不能够达到目的，还可以再进行行动引导。

第二天，夏雪和朋友逛完街回来，进了小区看到个长椅就一屁股坐了下来，边揉腿边嘟哝着：“我再也不穿这鞋子出来逛街了，太累了。”

正在这时，一个喝醉酒的年轻小伙走过来看到夏雪，错把她当成了自己的女朋友，上前拉着夏雪的胳膊就往外走，嘴里还说着：“你就喜欢穿这样的裙子，你那耳环还是我给你买的呢！”

夏雪和朋友使劲反抗才好不容易挣脱开，被吓坏的夏雪回到家后，就把身上的裙子扔在地上踩了好几脚，并发誓再也不穿这样的衣服了。

有的时候，当说教怎么也不管用的时候，实践就是最好的办法，如果父母确定自己是正确的，孩子的行为是不恰当的，也不用和他们争，直接让孩子按照自己的想法去实践一番，结果自然会说服他们。当然了，这样做要注意各种可能发生的后果，尽量不要对孩子以及他人造成伤害。

早上起来的时候，儿子的嗓音有些沙哑，我说：“出门前吃点药吧，再多穿件衣服，不然会严重的。”儿子却说：“我身体好着呢，不就是嗓子哑了点吗？一会儿就自愈了，不用吃药，也不用多穿衣服。”

见儿子坚持，我也没再强求，只是说：“晚上回来如果加重了，就要吃更苦的药，说不准还要打针呢。”儿子点了点头。

那天天气挺凉，下午回来，儿子的病果然加重了，跟我说：“妈妈，你是对的，我应该早上吃药的。”

后来，再遇到类似的情况，儿子都会主动先问我：“妈妈，我觉得有点不舒服，是不是要先吃点药啊？”

在一些不会酿成什么不良后果、不是特别重大的事情上，比如穿什么衣服、穿什么鞋子、吃什么东西等，父母根本没有必要苦口婆心地说教，可以先使用语言引导，父母以问为主，让孩子回答，如果孩子实在坚持，就随着他们去做。

很多事情，孩子如果不自己亲身经历过，是很难被说服的。要使孩子“明白道理”，有时候仅通过口头上的讲述是远远不够的，还必须让他们在实践中获得经验。

可能的情况下，父母可以和孩子一起进行实践。

看到这样一个事例，一位家长在进行儿童问题咨询时，抱怨他们家孩子不听道理，不听劝，不管家长如何有道理，孩子都按照自己的想法去做。

这位家长说了这么一件事情：

她家住在一个低层小区的5楼，没有电梯，需要走楼梯上下。

她的女儿最近养成了这样一个下楼习惯——用胳膊钩住楼梯扶杆，把全身的力量都集中在胳膊上，双脚离地溜下去。

她不允许孩子这么做，跟孩子说那楼梯的扶杆平常没人擦，总是有很多灰尘，这样下去会把衣服弄脏，并且也不是很安全。

孩子看着好像是听进去了，可是再一次下楼还会那样做，这样持续了几次，她终于失去了耐心，对孩子发了脾气。

从那之后，孩子不敢当着她的面那样做了，但还是会找机会偷偷地那样下楼，因为好几次她都看见女儿的衣服袖子下面很脏。

末了，她又无奈地说道：“我的孩子天生就是磨人的，我自认为已经很通情达理了，可还是没法跟她沟通，好好讲道理都没用，还能怎么办呢？”

这位妈妈其实是自己把自己困住了，她想当然地认为说教、讲道理就是最好的教育方式，除此之外就只有发脾气、冷暴力等，但事实并非如此。

当你发现在一件事情上你给孩子讲了很多次道理都没用的时候，证明在这件事情上，讲道理是行不通的，那我们就该换个思路，新的思路就是和孩子一起那样去做。

后来，那位妈妈接受了老师的建议，回到家准备了两块抹布，和孩子一起将楼梯扶手擦干净，并且当孩子手脚并用下楼梯时，她也会笑呵呵地试一下。

奇怪的是，这样做了之后没多久，孩子就主动和她说，不想再那样下楼梯了，会把衣服磨坏的。

孩子为什么会转变得这么快呢？在这件事情上，孩子本来的想法不过是变个花样走楼梯，觉得这样很有趣，可是妈妈大讲道理，传达出来的就是不允许、不理解、不包容，父母越是这样，孩子就会觉得越是有挑战性，越是要这么去做。此刻她的注意力并没有放在这种行为上，也就不能够察觉到这种行为带来的坏处，只是一心要和妈妈斗争到底。

后来，妈妈和她一起去做后，她的心态就发生了变化，一方面觉得没有了父母的反对，反而也不那么有趣了，另一方面也开始尝试着去客观看待这种行为，也就发现了问题，于是最后自己说服自己，不再那样去做了。

把“说教”当成教育，是很多家长的通病。在他们的经验和认识中，教育者和受教育者的关系，就是告知与被告知的关系，这就导致很多重要因素被忽视，比如孩子的情绪、孩子的偏好、孩子的心理等，这种单边主义思维方式，最容易让人陷入教育困境中。

在这样的理念指导下，家长们往往会采用这样的教育模式，先讲道理，道理讲不通就去批评，再不行就通过发脾气来征服，或者在孩子的感情上做文章，用亲情、付出来“感化”孩子。

这种教育模式不仅会让父母觉得教养孩子非常吃力，对孩子的成长也是弊大于利，所以在教育上，父母也应该摒弃非黑即白的思维模式，尝试发散思维，多去发现一些适合自己孩子的教养方法。

当孩子受挫时，家长需要具备三种能力

在这里问一个问题，当孩子遇到困难，受到挫折时，作为家长应该怎么去做呢？家长们肯定都会回答，当然是安慰他，鼓励他，帮他分析原因，找出问题一起解决。

但是，真正当孩子遇到状况，能做到这样的父母其实很少。不得不承认，中国式的父母尤其习惯并擅长打击教育，即使是在孩子受挫的情况下。

不知道为什么，每当我遇到了麻烦，受了委屈向妈妈倾诉的时候，我的妈妈第一反应不是安慰，也不是提建议，而是骂我。

“东西又找不着了？让你好好放不听，这下好了吧！”“考试没考好？自己不好好学习怪谁啊？”“跟同学闹别扭了？就你那脾气谁能受得了你，你还能有朋友就不错了。”

印象最深刻的一次，是我手机被偷的时候。

因为害怕骗子骗家人钱，我就借了别人的手机把这件事情告诉了妈妈，提醒她，如果有人发短信要钱不要相信。结果，得到的却是我妈劈头盖脸的辱骂。

“你怎么又这么不小心，说你多少次了，什么都不听，得，手机没了吧。你就是不长记性，真没法说你。”

我为自己辩解：“是小偷把我手机偷了，这跟我有什么关系，又不是我不小心把手机丢了。”

“为什么小偷不选别人，偏偏偷你的，还是你有问题啊！”

听了我妈这话，我瞬间无语了，当时的心情就是我再也不想搭理她了，那次之后，我们也的确冷战了很长时间。

孩子遇到麻烦事，受了委屈的时候，正是最需要安慰和鼓励的时候，如果父母总是给予埋怨和打击，长此以往就会造成很严重的后果。

首先就是父母和孩子之间关系的恶化，孩子跟父母倾诉不好的事情，本意是寻求安慰或帮助，因为他们相信父母是会站在自己这一边，和自己一同对抗困难的，若父母骂他们、埋怨他们，他们就会觉得父母不值得信任，之后再遇到状况也就不会再跟父母说了，慢慢地这种“不说”还会延伸到其他领域，最后很可能演变为和父母之间完全不交流。

其次，就是孩子的心理承受能力会大大减弱。父母的信任和理解是孩子面对世界的依仗，反过来，父母的斥责和打击，会摧毁孩子的内心根基，父母在孩子受挫时的反应，不仅影响着孩子在年幼时的身心发展，也直接影响着孩子为人处世的态度和方式。

有这样一则新闻：

一个9岁小男孩，因不小心打碎了学校玻璃，怕被父母责骂，经过三天漫长的思想斗争，他留下一封遗书后，便从学校高楼跳了下去。

他用稚嫩的字体写道：我知道我要受到惩罚，所以我跳楼了。

是什么导致了男孩走向极端，结束了自己含苞待放的生命？大概就是一次次不被最亲近的人理解和关心的失落、失望，堆积到一定程度后的爆发。孩子遇到事情如果没有父母做依靠，内心会非常害怕和煎熬，当自己承受不住时，就很容易走向极端。

可以说，孩子受挫折时正是拉近亲子关系、进行挫折教育的好时机。要做到这些，父母要具备以下三种能力。

第一种，就是恰当表达情绪的能力。

很多时候，我们都会听到父母这样抱怨，为什么我们这么爱孩子，孩子却感受不到呢？很大程度上就是因为不会表达，不会用孩子喜欢的方式去表达。

就像本节第一个例子中的妈妈，她其实很爱自己的女儿，只不过不知道怎么表达自己的关心而已。

和妈妈冷战期间，我想了很多，我知道妈妈是爱我的，但不明白她为什么总是在我出现状况的时候那样对我。直到有一次，爸爸打电话回来和妈妈说去跟几个朋友出去玩，晚些回家。

妈妈接电话的时候，也是一阵歇斯底里："又出去跟一帮狐朋狗友鬼混，别给我玩太晚，否则就别回来了！"

挂了电话，妈妈对我抱怨道："你爸这人一出去打牌就不知道时间，总是很晚回来，大半夜的多不安全啊，万一又喝多了，哎……”

听了这话，我觉得妈妈明明是在关心爸爸啊，但为什么却要用威胁的方式呢？于是我问：“妈，如果你是担心爸爸，为什么不直说呢？还和他生气？”

妈妈一愣，随即说道：“谁担心了，那么大个人了，有什么好担心的。”

那一瞬间，我好像明白了。我的妈妈是个从来不会直言自己感受也不会询问别人感受的人，她只会提醒我们做好对我们有利的事情，比如，冷了多穿点衣服、出门注意安全、把东西放好，但不会说“你这样我很担心你”“你让我很难过”“你有没有不舒服”这样的话，当我们出现问题时，她就会大发脾气以此来表达自己的担心。

其实很多父母都是像例子中的妈妈这样，情绪丰富，但又不善于表达。我们中国人以含蓄内敛著称，向来不善于语言上的情感交流，这一点尤其在我们父母身上体现得最为明显。

可是，最能让人感觉到幸福和被爱的往往就是语言上的情感交流，比起“你干吗那样啊，受伤了吧”“你这样做受了伤妈妈会难过的”更能让孩子接受并感受到父母对自己的关心和爱，也更能拉近亲子之间的关系，减少亲子之间的矛盾。

所以，父母一定要学会恰当地表达自己的情绪，不要害羞，准确地真实地说出自己的感受，也多问问孩子的感受，这要比指责、发脾气有用得多。

第二种，是共情的能力，或者说换位思考的能力。

共情，需要的是极强的同理心，即心理换位、将心比心，设身处地地对他人的情绪和情感的认知性的觉知、把握与理解，主要体现在情绪自控、换位思考、倾听能力以及表达尊重等与情商相关的方面。

遭受挫折和麻烦时，孩子要比任何时候都期盼来自父母的心灵感应，得到父母的理解和指引，父母要学会识别和感受孩子在当时情境下的真实感受，并告诉孩子自己也曾有过、体会过这样的感受。

比如，孩子丢了东西告诉你的时候，你要尝试着回想自己丢东西时的感受，在此基础上去理解孩子，这样就不会只想着责怪了。

有的人天生同理心就很强，但有的人天生就很弱，不过这也可以依靠后期锻炼来逐渐加强的。父母们先要有这个意识，然后在处理孩子的一些问题时不断尝试着这样去做，慢慢就会形成这样的模式，被这样对待的孩子，也会更愿意和父母分享自己的一切，展露出最真实的自己。

第三种，是多方面看待事物、辩证看待问题的能力。

提到辩证地看待事物，人们脑海里浮现的想法普遍是，既要看到事物不好的一面，又要看到好的一面，这种较为浅显的辩证没有错，但并不能支撑太多的事情，所以我们要将其“提升”。

唯物辩证法中有几个重要原理和观点，强调的都是事物的变化、联系和发展。我们知道事物是不断变化的，任何事物都有其产生、发展和转化为其他事物的历史，不存在任何最终的、神圣的、绝对的东西。世界是普遍联系的，事物本身与其他事物之间都有着矛盾和联系。这给我们的启示是，在分析一个事物时，不要被过去的经验主导，主要的立足点是当下的经验知识参考，同时也不能够盯着事物本身，还要从和它相互联系的事物来进行考察。

以开头例子中“我丢了手机”这件事情来说，妈妈对“我”大发脾气，正是因为她没有辩证看待，她以之前的经验为依据，把所有的注意力都放在了“我”身上，觉得主要原因在“我”。若是以辩证法看待，注意力应该放在“我”和“小偷”以及环境上面，然后逐个分析，“我”是大大咧咧，但当下的情景和我的大大咧咧并没有什么关系，是商场周围杂乱的环境促成了小偷的盗窃，而我只不过是被随机选中的那一个。

经过这样的分析，我们可以得出教训，在商场、购物中心这样人多杂乱的环境中，要更注意保护自己的随身物品，而不是单纯地发泄不满、抱怨孩子。

上述三种能力的获得并不难，关键是看父母有没有改变的意识和决心，通过抓住孩子受挫折的时机，给予他们最合理的教育和引导，帮助他们培养和提高相应的能力。

如何让家庭远离“苹果皮式和谐”

在婚姻关系中，有一种致命伤，叫作“苹果皮式和谐”。

“苹果皮式和谐”源于美国蛇果。这种进口水果为了保持外表的新鲜会喷很多防腐保鲜的药水，就算放置一段时间，表皮依然光鲜亮丽，但一口咬下去，里面早已变了味道，果肉像旧棉絮一般索然无味。延伸到夫妻关系中，就是指夫妻双方以冷战解决冲突，一味逃避真正的问题，表面看上去风平浪静，实际上内里千疮百孔，就像是一个放了一段时间的蛇果，表面还能保持光鲜，内里却已经坏透了。

如今，“苹果皮式和谐”更多地被用来形容家庭关系以及父母和孩子之间的相处，代表着表面和谐但实际上波涛暗涌的亲子状态。

“苹果皮式和谐”的一个重要关键词就是“冷暴力”。所谓冷暴力，就是在对方行为不符合自己预期的情况下，通过冷淡、轻视、放任、疏远和漠不关心的方式，将自己的情绪发泄给对方。这种方式本质上就是一种精神虐待，会让“受虐”一方在精神上和心理上受到侵犯和伤害。

然而，现实中很多家庭在处理问题时都很擅长使用冷暴力，尤其是父母对于孩子。有些家长甚至认为打骂对孩子负面影响大，转而使用“冷暴力”的方式，殊不知，后者对孩子危害更甚。

在一档叫作《妈妈听我说》的节目里，就有这样一对母子：

妈妈总是会在孩子犯错的时候，直接把他关进厕所，对此，妈妈说道："我舍不得打孩子，每个孩子都是娘的心头肉，打在他身痛在我心，所以只能把他关进厕所来惩罚他。"

这听起来很合理，并且还显示着浓浓的母爱，可在孩子眼里，却又是另一种情景。

孩子说："妈妈下班回家之后，不会陪我，也不会跟我玩，就会惩罚我。每次我做错事情，妈妈误会我的时候，都不问我为什么，就直接把我关进卫生间，这让我很害怕，觉得妈妈是不是不要我了。"

最后，男孩对妈妈说出了自己的心声："妈妈，我知道你很爱很爱我，但是请不要再一声不吭就把我关进厕所里了，这让我每天都做噩梦，梦见你不要我了。"

从男孩妈妈的角度来看，她这样惩罚孩子，似乎还是为孩子着想，但其实，还不如直接给孩子一顿打来得痛快。挨了打，孩子身体上虽然受到了疼痛，但心理上会觉得自己为错误付出了代价，也就不会再去胡思乱想。而妈妈什么都不说，孩子就要不停地去猜，去揣测，去反思，最后陷入自我怀疑中，如果孩子本身是被误解的，又不能诉说，那内心的愤懑就会更多，这种精神上的折磨要比身体上的伤疼痛苦千百倍。

相比于这位妈妈的"回避式"的冷暴力，"权威型"的冷暴力更可怕。

"权威型"冷暴力的明显特点是，父母对待孩子始终抱有一种轻蔑的轻视态度，充分利用“孝道”来任意摆布他们。

当孩子的诉求和父母发生冲突时，孩子试图以平和的方式与父母沟通，父母却摆出爱答不理的样子，甚至直接拒绝回应；如果孩子更大声说出来，父母就会用孝道来压制——“白养你了这么多年了？这么跟我说话，就是不孝！”

在这种沟通模式中，父母始终处于高高在上的位置，永远扮演着赢家角色，因为他们手里攥有让孩子无法反击的心理武器，所以胜券在握。

战争的最后，一般都是以“受虐者”的主动求和、主动求饶作为结局，因为相比于口口声声说着爱孩子的父母，孩子对父母的爱才是绝对纯粹的，纯粹到被他们伤害也不会真的反抗，而只会自己纠结痛苦，最后反思自己的过错。

冷暴力处理没有歇斯底里，没有辱骂动手，看起来无比平和冷静，但父母那种冷漠高傲、拒人千里之外的态度，其实比任何暴力都更能刺痛孩子的心。

面对父母冷漠的脸，孩子心里想的是：

“为什么爸爸妈妈不理我，是不是不爱我？”

“他们这么恨我，为什么会把我带到世界上？”

“我太差了，什么都做不好，我不值得被爱！”

父母选择这种相对体面的方式释放自己的情绪，甚至觉得这是对孩子的一种宽恕，但实际上也不过是对孩子情感的漠视，会让孩子长时间处于自责、愧疚、自我怀疑的阴影中。并且冷暴力是会上瘾的，越是使用，越会让人着迷，一旦父母习惯了使用这种“心理战”来处理家庭问题，后果将不堪设想。

孩子年龄小的时候，以父母为唯一的依靠，不会想着反抗，而会选择妥协的方式维持表面的和平，但问题只会越来越多，随着孩子独立意识的觉醒，在获知无法与父母和解或者彻底决裂的情况下，就会选择逃离，从身体和心理上都远离父母。

不过，即使如此，孩子受到的影响却是无法消除的。其一，会继承父母的处理问题的方式，从受虐者变为施暴者；其二，是饱受着各种心理问题的折磨，如自卑、敏感、习惯性妥协讨好、缺爱、难以经营亲密关系等。

电影《被嫌弃的松子的一生》中，松子一生坎坷，经历过破产、被骗、杀人、坐牢和自杀，而她生命里的这些悲剧都能从童年的遭遇中找到源头，那些源头总结出来不过就是父亲的冷漠和忽视。

而且，不仅仅是亲子间的冷暴力，原生家庭成员之间的紧张关系，包括情感冷漠、冷战、假意恩爱等，也会带给孩子很大的伤害，让孩子感受到的恐惧不亚于正面冲突。父母的表面和谐和压抑发泄会带给孩子一种无形的压迫感，使得他们更加小心翼翼地活着，生怕打破这脆弱的和谐。

所以，父母们是不是该认真想一想，如何远离这种苹果皮式的和谐呢？

首先，我们知道家庭冷暴力的惯用套路就是“我”知道问题在哪儿，对哪里不满意，但就是不说出来，让对方去猜“我”的心思，让对方自己觉悟。

所以远离的第一步就是必须舍弃这种套路，及时地表明问题。

心理学中有一个“透明度错觉”的理论，指人与人在沟通交流的时候，觉得彼此是透明的，个人的需求和情感是被对方明确知晓的。

显然，这是一种错觉。父母、伴侣、孩子，即使是再了解我们的人也不可能时时刻刻知道我们在想什么，我们的感受是怎样的，如果真是这样，那便没有这么多家庭矛盾了。

其实，实施冷暴力的初衷还是想解决问题的，既然如此，为什么不直接把问题说出来呢？千万不要觉得直接挑明会伤感情，不忍心，问题摆到明面上来，好好聊一聊并没有什么大不了。

问题提出之后，接下来第二步就是沟通了。

遇到问题使用冷暴力本质上就是一种逃避，是不会沟通，不懂得如何袒露自己需求的表现，在这一过程中，施暴者只看到了自己，没有看到对方，也根本没有建立起情感交流的通道。

我觉得自己不痛快不高兴，但我不知道怎么说，不知道怎么解决，就甩脸色给你看，让你也不舒服，这样我或许能好受些。其实这是一种最差的沟通方式。

不过，有的父母虽然不使用冷暴力，和孩子的沟通常常是硝烟弥漫却效果甚微，往往还没说两句就会吵起来，问题却得不到解决。

当然，这并不是说亲子双方一定不能发生争执。研究表明，建设性的冲突（释放情绪、解决问题、明确边界），可以让孩子在妥协或相互支持中获得成长，而真正对孩子身心造成严重不良影响的是破坏性的冲突，其特征是伴有侮辱性、威胁性的语言或者肢体暴力。

也就是说，在意见不合、看法不同的情况下，双方可以争吵，但要明确争吵的目的不是纯粹泄愤，还要注意自身的措辞和行为，尽量别骂人，更不能动手。

在这里我推荐一个能避免情绪上头的说话技巧——XYZ 陈述法。X、Y、Z 三个字母代表的分别为：事件、环境、感受。可以表述为：你在 Y 情境下做了 X，让我感觉到 Z。

举个例子，假如你下班回家正在忙着赶没有完成的工作，这时候孩子在你旁边捣乱，你非常生气，你就可以说：“妈妈有很多工作要做，可是你却在妈妈工作的时候跳上跳下，让妈妈感到非常心烦和生气。”

这种说法既表达了自己的感受，又指出了对方的错误，比纯发泄式的“你烦不烦人”“你能不能一边玩去”更容易让人接受，也有助于问题的解决，并且对孩子将来的人际交往能力产生积极影响。

那如果孩子做的事情是明摆着不对，你又特别愤怒的情况下，怎么办呢？那就直接“揍”吧。

当然，这个“揍”可不是虐待式的棍棒教育，而是理性的科学揍娃，需要注意以下几点。

第一点，揍娃不是泄愤，要注意力度，不能不顾孩子的承受力蛮打。打孩子，不是为了让孩子多疼或者受伤，而是用父母的态度 + 身体上（安全无害）的一点痛觉，给孩子构建一个具有威慑力的氛围，从而起到强烈的警告作用。

第二点，揍娃不能频繁，要知道什么事可以打孩子，什么事不能打。揍娃次数越少，效果越好。只有遇到特殊情况或者孩子犯了非常严重的错误时才可以考虑用一次，否则频繁揍娃就会失去震慑和警示的作用。

那么什么事情可用，什么事情不可用呢？在我看来，那些孩子的小淘气、小捣乱以及和父母产生思想冲突，一般是到不了揍的程度的，但是若他的恶作剧危害到了别人安全，或者一些行为会产生不可逆转的后果，如去危险的水域、将鞭炮扔到别人身上等。

第三点，让孩子知道自己为什么挨揍，分析孩子犯错的原因，了解事情背后的真相，如果“揍”错了，请给孩子道歉。

有时候家长气不打一处来，只看到事情表面没来得及细想就打了孩子，就算是这样打完了也要分析孩子为什么会犯错，有没有冤枉他，让孩子知道他为什么会挨打。

有的时候孩子犯错可能是无心之失，但有的时候他是在用这种方式刷存在感，让父母注意到他所缺失的东西，父母只有找到了根源，才能彻底避免孩子再犯同样的错误。

第四点，揍娃后，要及时安慰孩子的情绪，让他知道爸妈揍他并不是不爱他了。被打之后，孩子一定会害怕难过，这时候爸爸妈妈的安慰是尤其重要的，最好能给他拥抱，告诉他虽然他做错了事，爸爸妈妈还打了他，但这不影响爸爸妈妈对他的爱。

对于揍娃，很多家长觉得已经过时，其实并不是，“棍棒”运用好了，不但不会给孩子造成心理阴影，还会带来意想不到的效果，比冷暴力、语言暴力的伤害要小得多。

最后，在进行这些事情的过程中，情绪调节一定要贯穿始终，父母们在情绪非常激动的时候可以尝试深呼吸、握拳、由站改坐的方式做些缓解，不要被情绪支配，否则所有的方式都将无用。

聪明的家长，这样跟孩子道歉

网上曾流传了一个漫画形式的段子，叫作《亚洲父母道歉指南》：

一位爸爸捧着一本叫作《亚洲父母道歉指南》的书，翻开一开，偌大的白纸上只写着三个字：吃饭了！

看完，只觉得真实得扎心——我们的家长好像真的不懂得怎么跟孩子道歉。

有个网友分享自己的经历说，我从小到大，都不是一个快乐的孩子，我和我的父亲关系很差，将近十年的时间，我们说过的话都不超过十句，每当我想起他对我做的事情和他的态度，就会觉得亲情竟是这样单薄脆弱。而对于我们的关系，我父亲常说的一句话就是："总不能让我给他道歉吧？"

为什么不能呢？如果父母有错，给孩子道歉不是应该的吗？但父母们却很少这么想，总觉得给孩子道歉就会丢了作为家长的权威，失了长幼尊卑的礼数。

现在很多关于原生家庭的书籍都在向子女们传达一种观点，就是与原生家庭和解，人们也都深受启发，打算和自己的父母好好聊一聊，化解亲子矛盾，但是当他们这么去做时，发现根本无法实现，原因就是父母根本不会道歉。

在某网站上，有这样一个留言：

记得小时候有一次和妈妈在床边玩，气氛很融洽，后来我渴了，妈妈就起身给我倒了一杯牛奶，但就在递给我的时候我没接住。"啪"一声，杯子碎了，牛奶洒了一地。

妈妈顺手拿起桌子上的牙签筒倒了几根牙签出来，拿着牙签扎我的手，一根扎钝了就换另一根，我疼得哇哇大叫，不停地喊自己不是故意的，可妈妈根本听不见，一边更用力地扎还一边骂怎么可以这么浪费东西。

这件事情我一直记得，不久前，我和爸妈在一起看电视，正好看到了一个给人扎针的桥段，我就问妈妈还记得我小时候因为打破了一杯牛奶便用牙签扎我的事情吗，我本来也没想那么多，就是打算当个笑话来说说，可没想到妈妈听了马上变得严肃起来，紧接着就是矢口否认，还说我给她乱扣帽子。

然而，从妈妈的反应上来看，我知道她其实记得，但她永远不会承认她做得过火了。

很多家长常常教育孩子要勇敢面对自己的短处，承认自己的错误，自己却常常做不到，习惯于推卸责任、找借口，好像在孩子身上做错事情就是天经地义，当孩子拿这些来问他们时，他们反而感到生气：我们养你这么大，供你吃供你喝，就这点事你却记得这么久，真是没良心！

当然，有的父母也会跟孩子道歉，可往往却是“变了味的对不起”。下面我给大家举几个例子。

第一种，就是开头段子里的道歉方式——将功补过型，典型的句式是“吃饭了”。

> 有一次，家里抽屉里有50块钱不见了，爸爸第一时间就怀疑到了我头上，不分青红皂白地就吼了我，还差点动手，后来才知道是姐姐着急用，先拿了没有来得及跟家里说。爸爸知道真相后并没有什么表示，只是在晚上吃饭时，看我还待在屋子里，主动说了句：“快来吃饭吧，今天有你最喜欢吃的菜。”

将功补过型道歉，就是父母知道了自己的错误，但是不直接承认，转换角度想要通过另外的事情进行弥补，以此糊弄过去。

在很多不擅长表达情感的父母眼里，我主动示好就等于道歉，可在孩子看来并不是这么回事儿。这样的道歉，并不能抚慰孩子因为被误解、被冤枉而受到的委屈伤害，比起示好，他们更需要的不过是一句：“对不起，爸爸错了，爸爸不应该没有搞清楚事情原委就骂你。”

第二种，推卸责任型道歉，典型句式为“要不是你总……我们能这样吗”。

看《家有儿女》时，很多人都特别讨厌刘梅对刘星的态度，因为她总是不信任刘星，在冤枉了刘星之后，也总是采用这种推卸责任式的道歉方式：“行行行，这次算我错了，我冤枉刘星了，谁让他平常那么讨人厌呢？我怎么就不怀疑人家小雪呢？人家多懂事啊。”

本来是自己做错的事情，一转眼又成了孩子做得不够好，父母只想着为自己开脱，却忘记了孩子的感受，难怪弹幕上都说："也就是刘星心理素质好，换我，早就抑郁了！"

第三种，过度解释型，典型句式为"我是因为……才这样的，等你到了我这时候就会明白我的苦衷了"。

答应接孩子放学，结果没去成，还忘了告诉孩子，到了家，面对委屈的孩子，家长也大吐苦水："宝宝，今天是妈妈不对，可你不知道妈妈今天有多忙，单位里这个同事让我弄表格，那个又让我修改东西，临下班，老板又让开会，忙得不可开交……妈妈是真的想去接你，可是事情太多给忘了。"

这看起来好像是道歉了，态度也很诚恳，但是这种道歉并没有表明自己错在哪儿，该承担什么样的责任，还给孩子传达了一系列负面情绪，并且最重要的是：听起来真的不是很抱歉。

第四种，倒打一耙型，典型句式为"我们养你这么不容易，这点事情你都斤斤计较，是我的错好了吧"！

我从小学开始就一直有写日记的习惯，到中学后也一直保留着。有一天，我竟然发现父母一直在偷看我的日记，面对我生气的质问，妈妈也火了："就看你一个日记，你就对爸爸妈妈这个态度？一个日记有那么重要吗？比父母的养育之恩还重要？"

这种道歉简直就是胡搅蛮缠，本质上就是以亲情绑架来要挟孩子，把不相关的事情扯到一起，向孩子传达"生养之恩大于天"的观念。

为什么好好道个歉，对有些父母来说这么难呢？社会心理学家塔夫里斯（Tavris）认为，父母拒绝向孩子道歉，相关心理动因可能包括三种：一是想要维持好的自我形象；二是想要维护家长的专断地位；三是试图保持自己的控制感和权力感。

父母可能会觉得，我跟孩子道了歉，就表明我低下头了，孩子就会不把我当回事了，我承认错误了，孩子就会小看我了。

这简直是无稽之谈，事实证明，敢于承认错误的父母在孩子心中将具有更高大更光辉的形象。另一方面，父母道歉的态度、方式，对孩子的自尊水平、心理健康、社交能力等都有非常重要的影响。

那么什么才是正确的道歉呢？父母和孩子道歉时具体应该怎么做呢？

心理学家列维奇（Lewicki）发现，所谓“正确的道歉”，应该包含表示懊悔、认识到错在哪里、承担责任、保证不再犯错、提出补偿、请求原谅这六个要素。

就拿上面“冤枉孩子偷钱”的例子来说，最合理的道歉应该是：“对不起，爸爸对自己今天的行为感到非常抱歉，我没有弄清楚事情的原委就骂了你，甚至还要动手打你，这是身为一个父亲不应该做的，在这一过程中我也没有处理好自己的情绪，以后这样的事情不会再出现了，我向你保证，并且爸爸还会亲手做一道你喜欢的菜作为补偿，请你原谅爸爸，好吗？”

值得一提的是，“保证不再犯”这一条一定要落实，有一些父母第一次道歉时也会很诚恳，但是不多久就会再犯，甚至越来越肆无忌惮，当孩子再次提出时，父母还会拿第一次的道歉作为挡箭牌：“我不是已经跟你道过歉了吗？这件事你怎么还提？”

没有落到实处的道歉，不管态度多真诚，也无济于事，因为父母根本没有真的认为是自己错了。所以保证不会再犯，一定要做到。

好的道歉，不仅彰显了父母的智慧和风度，使得亲子关系更融洽，也会给孩子带来很多好处。

心理学博士保罗（**Paul**）就曾在他的文章里讲过：父母的正确道歉，可以增强父母的自我反省、承担责任和人际交往的能力，减少父母的偏执、受害者立场和责备倾向，也能帮助孩子学会正确的冲突处理模式，与孩子建立更加安全的关系。

而不会道歉、不懂道歉的父母也会把这种对待错误的方式传递给孩子，让孩子在觉察到自己错误时更容易变得愤怒、恐惧和羞耻，因而更倾向于自我辩护、回避和反击，甚至将错误归咎于对方，这种方式非常不利于孩子的人际交往能力的发展。

所以，父母们尝试着放下对面子、权威的执拗，试着在自己做得不对的时候，给孩子一个真诚的道歉吧，这将会让你们亲子双方都受益匪浅。

第七章

为成长赋能，激发孩子内在动力

尽可能多给孩子更好的生命体验，帮助他们发现自我，找到热爱的事情，让他们在追逐热爱的过程中，不知不觉地自然而然地变得越来越好。

被圈养的孩子，人生也只能是个圈

汪曾祺在《生活是很好玩的》中写道："一定要爱着点什么，它让我们变得坚韧、宽容、充盈。"

然而，事实却是，有太多的人不知道该去爱着点什么，或者他们以为他们的所爱不过是假象。导致这种现象的原因，很大程度上就是因为他们是被圈养着长大的。

我曾看到一个问题：对于孩子来说，什么是好的教育？

若单纯以"好坏"来讨论这个问题，不免太过绝对，我选择的是等级划分。

家庭教育中，最基本的就是生存教育，这在几十万年前的人类文明初期就已经诞生，原始人类会教孩子如何蔽体、如何躲避猛兽、如何找寻食物以及一些防虫避毒的经验，总结起来就是如何照顾自己，让自己在这个世界上生存下去。放到今天来看，就是要教孩子如何管好自己的衣食住行，知道冷了加衣热了减衣，知道如何均衡搭配食物，教孩子如何趋利避害，知道如何规避社会生活中的风险，知道如何给自己找到获得利益的事情。

高级一点的家庭教育，就是在生存的基础上教会孩子如何更好地生活。比如，怎样才能吃得更好、穿得更暖，怎样和他人更好地相处交往，怎么获得更高级的技能，怎么获得更好的工作，怎么与领导同事打交道等，这本质是追求更高的物质与精神生活，教会孩子如何提高生存质量。

最高级的家庭教育，会教孩子什么是生命体验，更偏向于精神追求。父母会引导孩子观察世界，体验种种事物，让他们找到自己生命的方向和意义。他们不会强行向孩子灌输他们的意志和思想，更不会想着掌控孩子的人生，只会尽可能地将这个世界展现在孩子面前，引导孩子去探索。

前面我们曾提到，父母的作用并不是按照自己的意愿去塑造孩子，而是帮助孩子去发现他想成为什么样，能成为什么样。这也正是高级生命教育的核心，而这种教育的结点要在13岁之前，效果才能达到最好。

为什么这么说呢？这就涉及脑科学的内容了。

我们知道，对于人来说，大脑的发育是至关重要的，而构成大脑的主要物质就是神经元，不过一个人的智力高下并不取决于大脑中神经元的数目，而是取决于神经元所建立起来的连接网络的密度和大小。

神经元之间的连接网络，绝大部分是因为受到外界的刺激而产生的，这个过程在母亲的体内便已经开始。待到出世，婴儿直接受到外界的刺激，神经元变得更多更强，其连接网络也会急剧发展。

研究表明，大脑的发育需要外界的各种刺激，视觉、听觉、语言、嗅觉、肌肉控制及理解等能力的发展尤其与之相关。13岁之前，大脑神经元组合的连接网络会配合某些学习或成长所需的条件而发展出一些特别的组合，例如思考、观察、行为倾向等。这些特别的组合若能表现出来，那就是“天分”。

但是一般情况下，这些组合所表现出来的能力都是极其隐蔽的，并不能让人马上识别，与此同时，这些组合在快速形成后，若没有被好好运用，也会快速地消失。

那怎样才能让孩子展现出天分呢？最好的办法就是不断尝试新事物，不断体验不同的活动，比如绘画、运动等，如果恰好碰到了合适的学习窗口，而孩子又对此感兴趣，家长再施以鼓励，孩子就找到了未来发展的方向，找到了人生的意义。这样孩子很大程度上会获得成就，实现个人价值，也会因此非常幸福。

然而，很多父母根本没有意识到生命体验的重要性，或者，他们觉得自己根本没有精力和时间带着孩子去经历这些。

事实上，在我看来，生命体验的过程其实并不复杂，并且有一些孩子还是会自发地表现出一些兴趣倾向的，并不需要父母费力去找。父母之所以感觉他们没有精力，就是因为太过于追求分数、成绩、升学、名次，而忽略了“学习”本身，这其实是舍本逐末。

在“家长对孩子的培养应该从哪些方面入手”这一问题下，有一位网名为“弦歌缓缓”的老师如此回答道：

总有人问我，什么样的孩子最擅长学习。

我常会给他们举两个例子，2021年，在即将高考的日子里，高三一位学霸用了一整晚的时间，观察、拍摄“超级月亮邂逅超级月食”，并将这个过程详细地记录在了一条条朋友圈里。

和《小欢喜》里的乔英子一样，他也是个天文迷，不仅会观察特殊天象，就算平时也经常会仰望天空。

而他的父母和乔英子的妈妈却完全不同，他们从未因为孩子喜欢拍星星、看月亮而有半分焦虑，即使是在快要高考的时候。那天，他们不停地转发孩子的朋友圈，并配文：跟着儿子，追逐星辰大海。

还有个孩子，从小就表现出了对历史的兴趣，他的父母工科出身，但为了维持孩子的这个兴趣，读了大量史书，然后把文言文翻译写成孩子能理解并爱听的小故事，讲给孩子听。孩子大了一些后，他们便带着笔和本，带着孩子走遍了全国各地的博物馆、历史景点，在去之前他们还做了大量的功课，为的就是能当孩子的讲解员，随时介绍给他听。

他们和孩子一起读史书、查资料，支持孩子抓住一切机会参与类似“博物馆志愿讲解员”这样的职业体验活动；他们还带孩子和相识的博物馆工作人员及历史学老师等专业人士聊天，请他们和孩子谈谈是怎样获得目前这份工作的，学习历史以及从事历史研究工作的体验是怎样的……

这个孩子从未报过任何辅导班，在同龄人都忙着上课外班的时候，他却跟着父母走遍了祖国的人文古迹、大好山河。

我所见过的擅长学习、学习体验和效果都能始终稳定保持在最佳状态的，就是这类孩子。我认为家长对孩子最好的培养，就是引导并帮助孩子发现内在动力。只有内在动力，才能真正帮助孩子自觉自愿地向上向好。同时这个保持并追逐热爱的过程，也让孩子真正意识到学习的意义，在不知不觉中具备了正确的学习态度和超强的学习能力。

真正的学习能力和动力，并不是全然靠着刻意的训练和鞭策就能获得的，重要的部分在于孩子的内在动力。

美国心理学家爱德华·L.德西和理查德·弗拉斯特曾提出一个个体发展理论，叫作“自我决定论”。

自我决定论强调自我在动机过程中的能动作用，认为个体有在充分认识个人需要和环境信息的基础上，对自己的行动做出自由选择的潜能。德西和弗拉斯特指出，个体有一种天性，就是想依靠自己的意志力去活动，即想做而不是被迫去做。当个体凭意志力去选择做一件事情时，他会有更多的热情和毅力，也会更快乐。

心理学上还有一个概念叫作“学习能力的自我感知”，指的就是人对于自己在某件事情上能否学好、做好的感觉，研究表明，只有孩子相信自己能学好时，他才更有可能学好，并且形成良性循环，越来越好。

这两者所表达的含义本质上是相同的，就是内在动机的重要性。也就是说，当一个孩子带着对世界的好奇和热爱而选择做自己喜欢的事情时，他才会产生足够的动力，并且这种动力是非常稳定和持久的，因为他知道所做的一切努力都是为了自己的追求与理想，更是为了获得独立选择人生的自由与能力。

如果能激发出孩子的内在动机，再配合积极的外在动机，他就能够达到我们所说的“擅长学习”的状态，并且不会觉得学习是痛苦的事情。

外在动机与内在动机相对应，指的是影响人做出某种行为的外在影响，包括他人的期望、物质奖励、获得某种优越感等。内在动机与外在动机是一种共存的关系，外在动机既可能削弱内在动机，也可能对内在动机产生促进作用。

《内在动机》一书中就说道：

“外在激励确实有可能不伤害内在动机，但前提是将金钱奖励当作对付出的认可和感谢，而非当作一种激励手段。”

对于孩子来说，父母的尊重、引导、鼓励、支持就是最好的外在激励，可以让他们更坚定自我的选择，从而更加充满信心和斗志。

这就和上面例子中的两对父母一样，他们充分尊重孩子的喜好，并用各种方式支持他们去做自己想做的事情，让孩子获得更多动力，自觉自愿地向上向好。

但若父母总是否定他们的喜好，而强迫他们转换方向，那他们所做的事情都会是不得不做，努力都成了“被迫”，这就会削弱孩子的内在动机，最终不仅可能达不到目的，还会毁了孩子。

几年前，有一篇关于北大学生“空心病”的文章流传甚广，其中有一段话是这样的：

北大一年级的新生，包括本科生和研究生，其中有30.4%的学生厌恶学习，或者认为学习没有意思，还有40.4%的学生认为人生没有意义，活着只是按照别人的逻辑这样活下去而已，其中最极端的人想要放弃自己。

这种所谓的“空心病”，从心理学角度来看，就是内在动机的缺失。孩子只知道他要学习，要取得好的成绩，他可能觉得学习是为了父母，为了老师，为了将来能找到一个还不错的工作，这种学习目的所带来的体验是非常糟糕的。

有一部分孩子，在考入大学后突然失去了目标，开始浑浑噩噩；有一部分孩子在参加了工作后，突然觉得活着没什么意思，变得抑郁。因为他们曾经认为的人生目标已经实现了，他们不知道自己接下来应该做什么，他们对自己产生了怀疑。

而我们现实中的大多数家长，就往往陷入这样的教育误区中，总是以分数、名次等为依据来逼迫孩子努力和学习，而忽略了孩子的内在动机，更忽略了内在动机与外在动机的配合。

成绩、名次并不是不重要，相反它们很重要，因为不管是什么样的发展方向都需要通过成绩来证明自己的实力，有成绩才能走得更远。但在这之前你得让孩子先找到自己——我热爱什么？我擅长什么？我想追求什么？找到他擅长的事情时，孩子才能获得充足的内在动力，也才能被激发出更多积极的特质和品性，从而使得其他方面也获得提升。这就是为什么有的人在一个行业很厉害，跳转到另一行业，他也照样能做到顶端，因为有些能力是互通的。

所以父母们要适当放下对分数、名次的执拗，放下对未来的过分期待，尽可能多给孩子更好的生命体验，帮助他们发现自我，找到热爱的事情，让他们在追逐热爱的过程中，不知不觉地自然而然地变得越来越好。

因时施教：把握孩子成长的每个阶段

有父母会问，孩子哪个年龄阶段的发展最重要？答案是，每个阶段。

父母对于孩子的期待总是满满当当的，想让他学业有成，让他多才多艺，让他拥有美好的品格，让他具备拼搏的勇气……但是这些并不是凭空就能获得的，除了先天的因素外，更多的是源于后天的教育。

教育不应该是一成不变的，孩子在不同的年龄阶段，大脑和身体发育水平不同，心理特征也不同，教育的方式和内容也应随之进行调整，这样孩子才能在合适的年纪，获得应该具备的品质，锻炼出应有的能力，以支撑自己将来能独立面对生活，为自己的人生负责。

美国著名心理发展学家埃里克森以自我的矛盾为依据，将人的自我意识的发展分为了8个阶段，其中包括童年阶段和青春期阶段，对于我们亲子教育有极大的借鉴意义。

童年时期的第一阶段是从孩子刚出生到1.5岁，处于基本信任和不信任的心理冲突阶段，是“希望”品质培养的关键时期。

什么是“希望”品质呢？埃里克森对此的解释是，人格中“希望”

的品质是一种增强自我的力量，拥有这种力量的儿童会更勇敢、富于理想，反之则充满担忧，不能满足自我所需。

应该如何培养呢？答案就是父母对于孩子信任感的建立。信任在人格中形成了“希望”，具有信任感的儿童才敢于希望。

具体怎么做呢？1.5岁前是孩子接触世界的初始，孩子大脑中仅有一点生活常识，也不具备什么能力，他对自己本身以及所接触到的事物是很容易产生信赖感的，比如会对熟悉的面孔或事物做出反应，或微笑或手脚舞动等，但与此同时，当他处于不熟悉的环境，或者在熟悉的人、物远离的情况下，就会产生恐惧怀疑的感觉。所以父母要通过对孩子的“尽心呵护”和陪伴来建立起孩子的信任感，尽可能地陪伴在孩子身边，离开时要给予安抚。

童年时期的第二阶段是1.5~3岁，孩子会处于自主性对羞怯或疑虑的冲突中，是“意志”品质培养的关键时期。

埃里克森把意志定义为：“不顾不可避免的害羞和怀疑心理，而坚定地自由选择或自我抑制的决心。”

这一阶段，孩子对世界有了初步认识，也掌握了大量的技能，如爬、走、说话等，更重要的是他们开始有意志地决定自己的行为，是坚持还是放弃，他们会对外界的一切产生强烈的好奇心，想要自己尝试去做一些事情，比如走路的时候会摆脱妈妈的手，吃饭时不让妈妈喂等，但同时也会对自己不够自信，展现出不稳定的情绪，这种种表现也常被家长们看作是“幼儿叛逆”。

这时候，如果父母任凭孩子按照自己的意志做事，放任自流，不利于孩子获得基本运动技巧、语言能力、初步的生活自理能力，如出现的“狼孩”“猪孩”，就是在这一时期没有得到合理的引导，才导致各感官功能发育不完善，甚至智商低下。但如果过于严厉，惩罚不得当，又会伤害孩子的自主感和自控能力。所以掌握好控制的“度”，是这一时期父母教育的关键，只有这样才利于在儿童人格内部形成意志品质。

具体到实践上，就意味着相较于第一阶段，父母要学会适当放手，不要拒绝孩子的尝试，可以在他周围施以保护，但不要束缚他的手脚，更不能消极地评价他的主动行为或使用体罚。比如，孩子要自己吃饭，结果勺子都拿不好，饭吃不进嘴里，这时候妈妈千万不要一把夺过勺子，说“你看你自己不行吧，还是让妈妈喂吧”，而应该告诉孩子如何拿，并鼓励他直到把饭吃进去；当孩子要自己走路下台阶时，妈妈可以在孩子身后默默保护，不要吓唬他，更不能直接拒绝，倘若孩子不小心摔倒了，妈妈也不必过于担心和自责。

0~3岁是孩子正式社会化的准备阶段，除了普遍的情感、人性、一般生活技能的培养，对某些方面的特别关注，也可以促进孩子更好地成长发育。

比如，1岁以后，孩子的模仿能力逐渐增强，父母要格外注意自己的言行举止，另一方面可以逐渐安排识物、阅读、普通话学习等活动，帮助促进孩子语言功能的发展。

2岁开始，孩子的秩序敏感力增强，主要表现在顺序性、生活习惯等方面，这时候父母就可以使用固定流程培养其独立排便、自觉入睡、规律吃饭等好习惯。

3岁前是孩子的动作敏感期，父母还应充分让孩子运动，使其肢体动作正确、熟练，以促进左右脑的均衡发展，给爸爸妈妈的提示就是，不要老把孩子抱在身上或者放在婴儿车里。

童年时期的第三阶段是3~6岁，孩子面临的冲突主要是主动对内疚感，是创造力、责任感培养的关键时期。

从3岁开始，孩子会逐渐步入学校生活，周围有了更多同龄人，随着身体活动能力和语言的发展，他们探究的范围和深度也在进一步扩大，比之前更渴望自主行事。

当孩子表现出主动探究行为并受到鼓励时，就会形成主动性，更能勇敢去尝试，这是未来责任感和创造力的基础。但是如果被阻止和嘲笑，孩子就会失去自信心，变得越来越封闭，倾向于被别人安排，缺乏主动性。

这一阶段是孩子能力高速发展的阶段，孩子绝大多数的能力雏形都是在这一阶段显现并发展的，除创造力、责任感外，还有学习力、想象力，以及挫折抵抗、问题解决、情绪管理、人际交往等能力，所以父母要尤其重视。

在这个阶段，家长要特别注意以下几个方面：

一是教会孩子识别并慢慢懂得控制和处理情绪；二是不要压制孩子的求知欲，对于孩子的问题要耐心、详细、准确地回答，如果不知道，可以和孩子一起找答案，但不要含糊其词、模棱两可地回答；第三，尽可能带给孩子更多的游戏体验；第四，尽量不要干预孩子与同龄人之间的社交，不要对他保护得太好，多尊重孩子的意愿，允许他自己做一些决定。

此外，父母还要注意感知孩子是否表现出某些先天能力的迹象，比如音乐天赋、画画天赋、写作天赋等。

童年时期的第四阶段是6~12岁，主要面临的是勤奋对自卑的冲突，是调和学习技能和生活技能的关键期。

这一时期，孩子基本上都已经进入并长时间在学校接受教育，学校学习是帮助儿童适应社会、掌握今后生活所必需的知识和技能的关键，但是如果过于关注，就很可能会导致孩子养成过分看重工作的态度，在其他方面木然处之。比如，只知学习，不懂人际交往，只知读书，却不知为我所用。

埃里克森说："如果他把工作当成他唯一的任务，把做什么工作看成是唯一的价值标准，那他就可能成为自己工作技能和老板们最驯服和最无思想的奴隶。"

另一方面，在此阶段，孩子也会表现出旺盛的求知欲，父母可以在兴趣的基础上，给他提供丰富的文化资讯，当然最好是趣味性和故事性的内容。

如果求知欲望得不到满足，他们很可能将这方面的渴求转向其他方面，比如捣乱、多动、注意力分散等。

进入青春期后（12~18岁），孩子将会迎来人生中最具挑战性的冲突之一，自我同一性和角色混乱的冲突，对这一冲突的处理关系着孩子人格的完整和对自我的社会定位。

这种冲突产生的原因，一方面是青少年本能冲动的高涨，另一方面是青少年面临新的社会要求和社会的冲突。所以，孩子在青少年时期的主要任务是建立一个新的同一感或自己在别人眼中的形象，以及他在社会集体中所占的情感位置，此时父母要给予孩子足够的支持和引导。

具体需要注意的点是，要多关注孩子的情绪，把他当作成人来对待，留给他足够的个人空间；让孩子有明确的自我边界，认清自我与他人的关系，应该如何处理他人对自己的评价和相关行为；可以和孩子多讨论一些关于人生方向、对社会时事的看法等。

很多父母都会觉得自己对于孩子的成长教育已经非常尽心，但效果却并不明显，就是因为没有在关键时期抓住关键问题。只有把握好孩子成长的关键阶段，根据孩子的发育状况和心理特征以及凸显出来的问题，有针对性地教育，才能做到事半功倍。

高质量陪伴，让电子游戏靠边站

父母的陪伴，对于孩子的重要性不言而喻，然而由于现实生活的压力，陪伴也变成了一种奢侈。当今，父母失陪并不只是乡村留守儿童面临的困境，很多城市中的孩子出于父母工作的原因也沦为了“失陪一族”。

这种“失陪”分为两种情况，一是完全没有时间陪孩子，这其实是极少数；二是“隐形失陪”，这是大多数。

什么是“隐形失陪”呢？就是父母和孩子待在一起，却没有做到真正的“陪伴”，比如父母跟孩子坐着一张沙发，各自看着不同的屏幕，孩子在 iPad 上看动画，大人在手机上玩游戏，这就是陪着而非陪伴，而这却是很多家庭亲子相处的现状。

之前，人民日报就曾为失陪宝宝犀利发问，提出“陪伴”是最好的教育，各大媒体也紧随其后，喊出了“陪着≠陪伴，不做隐形父母，拒绝隐形失陪”的口号。

在社会舆论的倡导下，很多父母也都注意到了“隐性失陪”的问题，也有意识有决心地想要改变，可是面临的挑战却让他们望而却步。

很多父母都会说：我也知道陪伴孩子很重要，可我哪有时间啊？每天那么晚下班回来，累都累死了，哪还有精力陪孩子做那么多事情。

这些父母以为的陪伴，大概就是长时间地和孩子待在一起，而所谓高质量的陪伴，就是要把陪伴的时间安排得既满当又有意义，阅读、游戏、运动……一应俱全。

这种理解既是不准确的，也是不现实的。

首先，按照现实因素，大多数父母是不可能长时间地寸步不离地守在孩子身边的，其次，和孩子“距离太近”、为孩子安排太多的学习性内容反而会给孩子造成压力和困扰，过犹不及。

有一位朋友，自从生了娃后就在家当起了全职妈妈，她经常跟我抱怨带娃太累了，一日三餐、穿衣洗漱，这都不必说，关键她的婆婆、老公都让她给孩子“高质量的陪伴”。

于是，她每天早上醒来的第一件事，就是陪孩子阅读，即使孩子不情愿，也得强迫着进行，紧接着吃过早饭，就要开始各种游戏、英语学习、诗歌背诵等，这一套下来，她就已经精疲力竭了，但如果孩子能有收获也值了，可是她这样坚持做了很久，孩子也并没有记住多少单词、诗句，反而有点想要逃离她。

“你说，这可怎么办啊？”每次抱怨完，她都会发出这么一句哀叹。

我的这位朋友的做法，如果按照大多数父母的理解，完全是达到了“高质量”陪伴的要求，但是为什么结果却不尽如人意呢？

其实，陪伴并不在于时间的长短和空间的紧密，高质量陪伴也并不在于安排的活动多少、是否有意义，最关键的点是，你是否和孩子建立了情感上的联结，是否和孩子达到了同频的状态。

像“我的朋友”她看似是在用大把的时间陪着孩子，并带着他做有意义的事情，但是和孩子的情感交流却是不顺畅的，孩子喜欢这样吗？孩子做出那样的表情是什么意思呢？孩子会觉得累吗？这些她没有主动去了解，而孩子在感觉到种种被强迫之后，也不会说出自己的真实感受，这样“不同心”的陪伴又怎么能称得上合格的、高质量的陪伴呢？

还有一些父母，总会把陪伴孩子当成一件消耗自己的事情，在他们看来，孩子睡着之后，自己才会有一小段属于自己的时间，他们舍不得睡觉，即使已经困得睁不开眼睛，也要再看半集韩剧，或者喝一杯小酒。他们会在家里因为陪孩子而争吵：“今天该你陪孩子了！”“我累了一整天，还是你陪吧！”吵到最后，就把陪伴变成了应付差事。

对于陪伴，父母们应该以轻松的方式去看待，否则还没行动，思想上就已经把自己压垮了。父母们不要把陪伴看作是全天候无微不至的照顾，更不要把“高质量”与全神贯注、聚精会神、包罗万象联系起来，而要把它定位成“亲子之间的补充和休息”。

这样的陪伴不需要很长时间，也不需要太多的精力。具体来看，注意到以下三点即可：

第一，沉浸式交流，跟孩子心贴心地沟通。亲子陪伴的最佳状态，就是父母能和孩子进行深度沟通，这样的沟通可以通过很多形式实现，可以是窝在沙发上闲聊，可以是玩游戏时候的合作，也可以是看电影、读书的分享。

第二，简单地互动，让孩子知道父母是能够理解自己的。有时候，我们无法做到跟孩子特别深入的交流，那没关系，简单的互动也可以，不必和孩子一起做一件事，但最起码要让孩子知道你在干什么，你也要知道孩子在干什么。

比如你在看一本书，孩子在你旁边玩，你可以适时地和孩子说一些书中的内容，同时也关注一下孩子的进程。

第三，及时地回应，让孩子确定你就在身边。有时候，父母会感觉累得虚脱了，什么都不想说，也不想动，你就可以如实告诉孩子，你很累，需要休息，但是你会一直在他周围。

生活中，我们常常会看到这样的场景，家长们在一起聊天，孩子们在一起玩，有的孩子就会一会儿过来找一下妈妈，如果妈妈很耐心地回应他，他马上又会跑回去继续玩，但如果妈妈忙着跟别人聊天不理他，不一会儿他就要闹起来。

有时候只要孩子确认父母是“在”的，不会突然消失，他们就可以安心地去做自己的事情，这也就达到了陪伴的意义。

心理学领域有个依恋理论，说的是孩子越是能够安心地回到父母的怀抱获得宽慰，就越是能够自信地再次与父母分开，探索新的世界。

父母陪伴的最终目的，就是让孩子达到一个好的依恋状态：既会依赖父母，也能自己独立，既对父母保留着充分的信任，随时会来找他们求助，也能自己独自解决问题、面对生活。

而要达到这样的目的，最主要的是情感联结。你要让孩子感受到父母是爱他们的，理解他们的，不会抛弃他们的，如心理学家戴·埃尔金德所说，孩子们最需要知道的是，他们对父母很重要，永远都被爱围绕。

但即便如此，经常上班的父母也可能会觉得，仅靠下班时候的一点时间，并不能很好地陪伴孩子。如果你了解了情感联结的真谛，也可以充分利用上班的空闲时间来“陪伴”孩子。

一同工作的同事，有一个九岁的女儿，我注意到，每天午饭的时候，她边吃饭边给女儿打一个视频电话。

女孩会问：“妈妈，你今天吃的什么啊？”

同事回答：“也没什么，就是买了点减肥餐，蔬菜、水果很多。”

女孩接着说：“看起来还挺好吃的，你要多吃一点啊，妈妈。”

……

她们聊天的时间很短，内容也很平淡，但是那种在母女之间流淌着的情感是非常炽热的，或许正是每天这样一次不起眼的电话沟通，大大拉近了她们母女的关系。

情感联结并不复杂，最重要的就是捕捉孩子的关注点、情绪，在此基础上达成同频互动。陪伴孩子的时间，和父母的个人时间，应该是互通的、可融合的，而不是互斥的。

父母要学着把自己的放松时间和陪伴孩子的时间融合起来，做到陪伴孩子的同时又放松了自己。

除此之外，周末、假期也应该好好利用起来，可以定期进行家庭郊游、家庭读书会、联欢会等。

如果是在父母有充足的时间和精力的情况下，当然陪伴的内容也可以尽可能地丰富，如去旅行，去博物馆，去参加野外游戏，和孩子一起看电影，一起玩桌游，一起运动等。但是要注意两点，第一，学习的内容不要过多，第二，尽可能地少玩电子产品。

现在很多孩子迷上手机和电子游戏，很大部分原因就是由于父母的“熏陶”和忽视。

人在使用电子产品娱乐时，很容易完全沉浸其中，这表示着我们与电子产品产生了联结，我们的喜怒哀乐、所思所感就与此时此地无关，而寄放在另外一个空间。这样的你，对于你身边的人来说，是非常有距离感的，他们会感到无法接近你，无法理解你的想法和情绪，进而会产生我被疏远甚至拒绝的感觉。

父母当着孩子面玩手机时，孩子就是这样的感觉。另一方面，这也给孩子带来反面的榜样作用，爸爸妈妈玩手机，我也要玩。于是，精神上的孤独和行为上的被诱导使得他们很快就迷上了电子产品。

关于陪伴，父母实在没必要过分追求“丰富精彩”，在自己的能力范围内，尽可能地通过一些方法和孩子建立情感联结，就已经完全足够了。

从细节入手，让孩子更加认可自己

父母们都希望自己的孩子能够从容自信，成长为一个能够独当一面、不轻易被击垮的人，这就要求孩子要具备较高的自我认可度。

孩子的自我认可度高低主要取决于童年的经历，换句话说，父母的教育有着至关重要的影响，有很多自我认可度低的成年人，就是因为早年接受了不合理的教育，比如批评式、打击式教育，使得他们逐渐养成了遇事先从自己身上找原因的习惯性思维，因为不相信自己，不够爱自己，他们也难以和他人建立亲密关系，难以信任别人。

如何让孩子具备较高认可度呢？两个大方向，一是让孩子感受到自己的价值，二是以鼓励式教育为主。

让孩子感受到自我价值的最佳途径，就是让他找到自己热爱且能坚持做下去的事情，这离不开父母的引导和支持，也就和鼓励式教育联系到了一起。尽管我们可能无法很快就让孩子找到一生的奋斗目标，但可以从生活中各种事物入手，让孩子不断尝试新的体验，鼓励他去完成新的挑战，从而不断获得成就感，越来越感受到自己的价值。

这两个大方向也是我们一直在强调的，除此之外，注意生活中与孩子相处的一些细节，也能让孩子更加认可自己。

有一天，我下班回家，孩子跟我说："爸爸，我觉得你有点不开心。"我怕自己的情绪会影响到孩子，就说："爸爸没有不开心啊，只是有点累了。"然后孩子就有些怀疑地说了句："是吗？那好吧，爸爸你不开心了，我可以逗你笑的。"

事实上，孩子的判断没有错，我是真的在为工作的事情烦恼，直到后来，我才意识到自己这样做对孩子根本没好处。

孩子说"爸爸，我觉得你有点不开心"，这是他根据自己的感受和以往的经验而得出的结论，代表的是他对周围世界的认知，而我对他的否定，就是在故意歪曲他的认知，也就是在否定他观察和判断事物的方式方法，这是会削弱孩子的自信心的，严重时还会让他陷入自我怀疑中。

正确的做法应该是果断面对事实，告诉孩子："是的，爸爸是有点不开心。"然后解释不开心的原因，"因为本来有项工作爸爸能做好，最后却搞砸了。"

孩子认可自己的根基，是让他感觉到自己是一个独立的受到尊重的生命。孩子大多是靠"感觉"来认知世界的，父母如果对他们本来准确的感觉主观或故意否定，就是在变相打击他们，无论是出于好意与否。

生活中，我们常见的一个典型现象，就是"妈妈觉得你冷""妈妈觉得你没吃饱"，然后强迫孩子穿更多，吃更多，不排除有的孩子是真的"不知冷饿"，但这种做法就是在阻碍孩子用自己的方式去感知世界。

所以，第一个要注意的细节，就是不论大事小事，对孩子说出的观点、看法，都要给予客观的、准确的、详细的回复。如果孩子说的是事实，就不要刻意隐瞒；如果孩子说的的确不对，那就耐心地给他讲解；如果你对孩子所说的也无法判断，比如你觉得他冷，但他说他不冷，这时候就要用一种巧妙的方式解决，可以回答："好，那就少穿一件。"这样孩子既能感觉到自己得到了认可，父母也达到了目的。

不过，孩子由于能力、经验、学识的不足，很多时候也会"词不达意"，这就很容易造成误解，使得父母采取错误的应对方式。所以，作为父母，我们也要有意识地去帮助孩子做到"词意相符"，让他能够把事情说清楚，准确地表达想要表达的意思。

家长可以有意识地让孩子去详细描述一些事情，特别是遇到矛盾时，让他将矛盾描述成具体的问题。

有一次，妻子和女儿发生了争吵，女儿被骂哭了。我走过去问她发生了什么事情，她说妈妈不分青红皂白就凶她。我告诉她：你这样形容，爸爸根本不知道发生了什么事情，也就无法做出判断。

后来，在我的引导下，女儿才说清楚了事情的原委：她看到妈妈在厨房很忙，就想去帮帮忙，结果不小心碰倒了一个东西，妈妈就怪她瞎捣乱。

"这下，爸爸都明白了。"我说，"你想去帮助妈妈，却被妈妈误解了，正在气头上的妈妈还不听你的解释，对吗？"

女儿点点头说："爸爸跟你这么一说，我好像也没那么气愤了，一会儿我再跟妈妈解释清楚。"

当我们看到孩子与别人产生冲突或者遇到麻烦事的时候，除了率先抚慰他们的情绪外，还要引导他们自己去描述遇到的问题，这样其实是在让孩子重新梳理事情的脉络，有一个整体性的认识，从而也更容易独立找到解决方法。

另一方面，可以多和孩子聊天，然后让他们解释一些词语的意思。比如孩子在聊天时说她觉得很郁闷，那就问问她“郁闷”是一种什么样的感受。这不仅能加强孩子对你的信任，也能从交谈中发现孩子的一些问题，何乐而不为呢？

不要拒绝孩子主动找你聊天，也不要说“你们小孩子的东西有什么好说的”，和孩子聊天要认真地听，可以时而提些问题，在能让他产生成就感的地方多表扬他。

但是，称赞和表扬也要注意“尺度”，否则也会影响孩子的自我认可度。

有一次，朋友跟我说了她女儿身上发生的一件事情。

她的女儿前段时间新换了一个素描老师，可是刚跟着新老师学了没两天，小姑娘就说不喜欢这个老师。

“为什么呢？”朋友问了自己的女儿。

小姑娘说：“这老师总是夸我画得好，画得棒，但是我知道自己画得并不好，他的夸奖就让我很不舒服。”

我们总以为夸孩子就是鼓励孩子，实际上不然，适当的夸奖会给孩子一定的动力，但是不合理的夸奖只会带来不好的结果，一种是让孩子变得自大狂妄，一种就是像例子中那样，引起孩子的反感。

不合理的赞美和夸奖会让自我认知不准确的孩子产生“哦，原来我这么厉害”的想法，而让那些自我认知准确的孩子产生“这是故意在刺激我吗？我是不是有点太差劲了”的怀疑，这根本上，都是在动摇孩子的自我认知，否定真实的他们。

所以，夸奖要适当，该批评时也要批评。

事实上，培养孩子自我认知的前提，就是让他感觉到真实的自己存在，而这种存在感会在人产生强烈的情绪感受时变得尤为显著。

举个例子，当我们饥饿的时候，我们能非常明确地感觉到自己身体的存在，大脑里的想法也会非常明确和纯粹：我想吃东西。同样，当我们非常生气的时候，也是类似的感觉，我们会明显感觉到身体的变化，比如手脚发抖发麻、心脏剧烈跳动，脑子里也只有一个念头：我很气愤，我要发泄。尽管我们的状态可能很不好，但却是我们最能感觉到自己真实存在的时刻。由此，我们获得的一个让孩子感知自我存在的方法就是引导孩子重温感情消失的全过程。

当孩子伤心、生气，总之是经历了情感消失的全过程后，你可以说：“这就是伤心的滋味，能看得出你现在感受好多了，你刚刚经历了一个从特别伤心到有点伤心，最后到伤心消失的全过程。”

这个复盘过程，可以让孩子接受自己的情绪，对情感的细节做更加具体的认识，明确地感受到自己的存在，并能增加他的情感敏感力。

真正地认可自己，并不是只强调自身的优点而忽略或排斥不足之处，而是要坦然地接受自己的不完美，不会因为不完美而自卑而妄自菲薄。所以，要让孩子认可自己，就要让他敢于展示并接受真实的自己，而这很大程度上就取决于父母对孩子那个“真实的自己”所持有的态度。

如果父母对那个真实的“他”很有耐心，愿意去试着倾听他、理解他，站在他的成长规律上去看待问题，不挑剔不评判，那么孩子就会毫无顾忌地展现出“他”，也会更加肯定自己的存在。

“称赞”对了，孩子才能变得更棒

以前，对于成绩好、表现好的孩子，大人们最喜欢用“聪明”来称赞：

这孩子真是聪明，不用努力就能学习这么好；

这孩子脑瓜灵光，别人都哼哧哼哧地学，他光知道玩，还能考这么好；

这孩子有天赋，老师教的东西一学就会。

家长们对于这样的言语称赞肯定不陌生，我们小时候听到大人夸奖成绩好的孩子，最多的就是这些话，直到现在，仍有很多父母还在使用这样的称赞方式。

然而，很多脑科学、心理学领域的研究都证实，夸赞孩子聪明、有天赋等这种方式更容易给孩子造成负面影响。

美国斯坦福大学心理学教授卡罗尔·德韦克曾做过一项实验，她将128名10~11岁的孩子分为AB两组，对他们进行智力测试，也就是玩一些智力游戏。然后，卡罗尔对这些孩子的行为进行了反馈：

对A组的孩子说：你做得太棒了，你很聪明！

对B组的孩子说：你做得太棒了，看得出来你很努力！

接下来，卡罗尔再次提出让孩子们做一次智力测试，结果A组的孩子拒绝了，因为他们已经被认为是“聪明”了，如果在接下来的测试中表现不好，就有失去这种表扬的风险；B组的孩子则表示乐于挑战，因为他们觉得自己是因为努力才受到表扬，因此越努力表扬就会越多。

后来，卡罗尔又给孩子们安排了一些难度更大的游戏，结果A组的孩子直接心态崩了，他们觉得自己不够聪明，没法做到，而B组的孩子还是愿意不断尝试。

第二天，卡罗尔又给了这些孩子同样的测试题目，结果显示，A组孩子的测试分数出现了严重下滑，而B组孩子的分数则大幅提升。

这个实验之外，卡罗尔的研究一直在进行，根据多年的观察和实验，她得出了一个结论：被夸努力更多的孩子更容易具有成长型思维，而受到表扬聪明更多的孩子则更偏向于固定型思维。

具有成长型思维的孩子会把努力和智力统一起来，认为智商和能力是可以改变的，很多事情都可以通过努力来达成，对于他人的建议会进行综合分析，会把成功和失败视作对自己学习情况的反馈，而非对智商或能力的测验，因此敢于挑战，不惧怕失败。

而具有固定思维的孩子，会把天赋当作成功的最重要因素，认为努力和聪明是对立的，聪明的人不需要太努力就能有所获得，因此为了维护自己“聪明”的形象，他们不愿意努力学习和工作，但凡遇到自己不能马上做好的事情就会觉得自己不行，然后轻易放弃，同时他们也不敢挑战新的事物，排斥批评，很容易被困难打败。在他们眼里，成功和失败都是对自己能力的检验，成功了就证明自己的天赋和能力高人一等，而失败则暴露了自己的愚蠢和无能。

所以，夸奖孩子努力还是聪明很重要，这直接影响了孩子对于成功和失败的归因，以及对天赋的认识。显然，如果孩子认为成功取决于天赋，而聪明来自先天遗传，一旦他们认为自己不够聪明的话，一切都完蛋了；如果孩子认为智力可以通过努力改变，成功与否和后天努力至关重要，那么即使失败了也会通过继续努力来达成目标。

这就是为什么，一些小时候成绩优秀，经常被夸聪明的孩子，随着年龄的增长反而会变得“泯然众人”，甚至越发平庸无能，畏畏缩缩。

近年来，这些心理学理论的兴起让很多家长都意识到了过于强调孩子聪明的弊端，于是都开始向着“称赞努力”转变。

但是新的问题又出现了，在实践的过程中，不少家长会发现，夸赞努力对自己的孩子并没有什么用处；另一方面，努力也不一定有回报，一味强调努力也会让那些付出了很多辛苦却没有得到回报的孩子心生气馁，同样变得不敢挑战。

那么，我们到底应该怎样夸奖孩子呢？

首先，在孩子最初做一件事情的时候，我们是可以用聪明来夸奖的，但要尽快将对能力的肯定转化为对努力的肯定。

比如，孩子在搭积木，刚开始的时候，可以夸奖他“宝贝，你真聪明，这么快就搭得这么高了”，到中间阶段时，可以说，“搭得这么牢固，看得出来你在很认真地研究图纸，挑选积木的形状”。

其次，夸孩子努力，也不能只简单地说努力，而要把它具化。例如：

要把“努力”转换为对孩子的做法和策略的肯定——“没错，发音时舌头就是要这样，你做到了！”

积极关注孩子做得好的地方，并能具体描述出来——“就是要坐得端正，注意力集中，字才能写得横平竖直，你刚才就是这样做的！”

将努力和与其有逻辑关系的结果相联系起来——“你这么快就学会了传球了呀！看来爸爸刚才教你的时候，你一定听得很认真，才会这么快 get 到传球的要点！”

当然了，我们在称赞孩子方面并不只有天赋和努力这两个方向，还可以延伸出其他名词，比如表扬态度、勇气、信用、责任心等，不过也要把内容具体化。真正实施夸奖时，除了语言表达，身体语言也很重要，表情、动作、姿态等要相互配合。

此外，在表扬孩子时也需要避免一些不太适合的做法，比如，对微小的成就或努力给予频繁表扬；故意夸张地表扬，尤其对自尊心不强的孩子；含糊不清的表扬，孩子会抓不住重点。

除了这些，还有一个问题，就是这些在孩子表现得优秀时的表扬，要和孩子表现得不好时的鼓励相呼应，才能真正达到培养成长型思维的效果。

小新的父母非常重视对孩子的教育，他们从很早就开始对孩子进行“努力夸奖”。

“你很用心”“你有认真思考”“你很努力”……这些都是小新的父母经常用来夸奖她的。小新在父母的鼓励下，也的确很努力，做什么事情都有一股韧劲，特别有钻研精神，但是成效却微乎其微。

就拿一次做手工来说吧，小新不厌其烦地做了好几次，成品都不够美观，后来在妈妈的指导下，她有了些进步，但只要自己做，还是原来那样。尽管她一直在很努力地学习、练习。

对此，小新的父母很是郁闷，到底是哪里出错了呢？

小新父母称赞的方式并没有错，错的是对成长型思维理解得不够全面，而导致称赞、鼓励的内容有所偏差。

注重努力是成长型思维的必要条件，但成长型思维并不等同于只要努力。

研究发现，大脑在辨认错误时（相较于辨认正确时）会产生一个正向电位差。这个电位差的大小反映了大脑对（犯错时）反馈信息的注意力大小。

科学家曾用脑电图检测了成长型思维和固定型思维两类不同思维模式的人面对错误时的大脑活动图像。结果显示，固定型思维的人的大脑几乎没有活动，电位差极小，这意味着他们面对错误会选择逃避；而成长型思维的人，大脑正在高速运转，电位差也相对较大，这说明他们敢于直面错误，并从中学习和试图找到解决方案。

这个实验说明了，成长型思维所提倡的努力并不是笼统地付出精力和时间，而是要做到精准“打击”，有效地从失败中吸取教训，在关键环节上下功夫。

所以，父母要在孩子做得不够好的情况下，肯定努力外，还要和他一起复盘反思。具体做法有：和孩子一起讨论哪些做法有用，哪些用处不大；让孩子解释他的作品、做法或思路；让孩子说出他在做一件事情时感到吃力的地方；让孩子当老师，向你讲述他正在学习的内容等。最后，和孩子一起分析找出原因，找到最适合孩子的方法。

其实，天才很少，大多数我们称为“天才”的人，都是在少许天赋上加以数倍的努力，才最终获得了这样的头衔，这就是爱迪生那句名言——天才就是百分之一的灵感加上百分之九十九的汗水。

很多我们眼中的学霸，实际上要比普通人更加努力，他们看起来很轻松的原因，也只是他们找到了对的方法，养成了好的习惯以及思维方式，而这些正是通过不断反思，不断从失败、错误中总结得来的。

称赞、鼓励孩子也是一个为孩子赋能的过程，但这并不是一句简单的“真棒”“真厉害”就能达成的，方式方法很重要，真的用对了，孩子才能变得更好。

不输给自己，才是正确的竞争心态

在学校举行的演讲比赛中，雯雯得了第四名，与第三名只有一分之隔，没能上台领奖，回到家后，心情非常低落。妈妈安慰她说，一次的成绩不用太在意，下次努力就好了。到了下一次比赛，雯雯又参加了，但这次还是得了第四名，雯雯比上次更失落了，一直在否定自己，妈妈说了好多让她放宽心的话都无济于事，也不知道该怎么劝她了。

不论是公司内部还是整个行业，往往都存在一种比赛或竞争关系，因此我们常常是以他人为对手，因而所有的竞争心态是以打败对手为主的，这样的思维会不断延伸，所以就算是在平常的生活中，我们也会很自然地和别人比较，面对比自己优越的人就会产生自卑感，面对不如自己的人便会产生优越感。父母对孩子的要求也常常是随着“别人”而不断改变，因此每个孩子都有一个不怎么认识但又无比熟悉的劲敌——别人家的孩子。

但这样的竞争，对于孩子来说，是很容易产生负面影响的。

一位高中老师曾分享过这样一件事例：

今天谈到“父母总是以别人家的孩子为榜样对自己的孩子是激励还是打击”这个问题时，想起多年前，我教过的一个学生。

这是一个女生，成绩优秀，钢琴也弹得很好，但她却一直在“成为别人”而不懈努力，原因就是她父母总是用“别人家的孩子”来激励她。

她自幼学琴，每当觉得自己弹得还不错时，父母就会说：“谁谁像你这么大都过八级了！”后来，她也总是说，谁谁弹得那么好，我什么时候能成为他呢?

考试回到家，她把还不错的成绩给父母看，父母会说：“别骄傲，多跟第一名比比。”于是，她开始羡慕那些顶级学霸，希望自己也能成为那样。

高考报志愿时，她很快就选好了专业，我问她为什么都选一个专业，她说因为表姐是学这个的。

我问她自己喜欢什么专业，她说：“其实我也不知道我喜欢什么，没想过，别人觉得好就行了吧。”

上了大学，她喜欢上了一个男生，为了追求男生而不断地以那个男生所描述的样子改造自己，然而最终也没有成功。

和这个女孩儿一样的孩子，以及曾经是这样的孩子的大人，还有很多。

他们从小听着父母对别人家孩子的夸赞成长起来，哪怕自己也优秀到足以成为“别人家的孩子”，但父母依然能找出比他们更优秀的别人家的孩子，作为他们的榜样，日日挂在嘴上。

你说这是一种激励吗？也可以算吧。

因为我的那个学生的确一直在很努力很努力，但在我眼里，我不认同这种激励，因为他们努力，是想成为我的表姐、钢琴天才、那个第一名的学霸，却从来没有想过成为真正的自己，这本质上就是一种打击、一种否定。

他们一路成长，但从未被欣赏，哪怕未来的他们再优秀，从小很少得到肯定、很少有人欣赏自己原本的模样的阴影，仍会蔓延在生活乃至人生的各个方面，削减掉他们本可以更多的幸福和快乐。

事实上，现实中在父母那样的激励方式下，仍能像例子中那个女学生一样变成主流观念中更好的孩子的很少，更多的是被外界的评价淹没，变得更加迷茫和不确定，甚至最后自暴自弃。

过度地使用“别人”的优势来对比自己的孩子，并不能形成激励，只会削弱孩子的自信心和内在动机，让他们变成自卑敏感的综合体或者一台只想着成为别人的机器。

另一方面，这种竞争“激励”还会让孩子太过在意形式而忽略内在本质。

小江一直以来都是班里的三好学生，同学以他为榜样，老师父母以他为骄傲，小江感觉自己很幸福。升了初中后，小江周围多了很多优秀的同学，小江的成绩变得飘忽不定，考得不好时回到家里，父母的态度也会变得很冷淡，每次看到同学们对着前三名的学生表达羡慕时，小江心里就很不是滋味。

这天，小江又一次考砸了，他拿着试卷，怀着低落的心情回到家里让家长签字，可爸爸妈妈并没有察觉到小江的情绪，还是一如之前一样，开始指责小江升了初中后不用功，还不如隔壁的谁谁谁，小江听够了这些，不耐烦地将房门关了起来。

此后，小江就开始了想方设法地捍卫自己“好学生”的地位，不懂装懂偷看答案，跟父母谎报成绩，和同学拉帮结派诋毁他人，甚至在考试中作弊。

我们在和别人比较时，依据的往往就是成绩、名次以及一系列在主流价值观中占有重要比重的方面，但这些说出来也只是一种外在的形式而已，如果我们总是强调这些，而不去告诉孩子其中的内涵，孩子慢慢地也会只在乎形式、结果，而不注重内容和过程。

这还会导致更为严重的后果，就是激发孩子的极端心理。记得几年前有一则新闻，说的是初中一男生因嫉妒同学得第一名，放学后将其拦截，最后在争吵的过程中把同学失手杀害。

那么，如何避免这些不好的影响和可怕的后果呢？解决的根本就在于要培养孩子正确的竞争观念。

和他人比较，同他人论输赢是正常的，但如果过分强调就会催发不正确的竞争心态——觉得比不过别人就一无是处，输给了别人就是一个彻底的失败者。正确的竞争心态应该是不输给自己。

像开篇的例子中，在雯雯第一次取得第四名而失落时，妈妈应该告诉她：你能战胜自己的胆怯站在全校同学面前演讲，对于你来说就是一个很大的成功了，我们要同别人比较，但不用那么在乎名次，重要的是你从中有没有收获。在雯雯第二次得第四名时，妈妈可以说：虽然在名次上你和之前没有进步，但是在其他方面呢？相比第一次你是不是更从容了，更有条理了？

不要总拿孩子和别人比较，要多引导他们自己和自己比较，让他们看现在的自己和以前的自己比有没有变得更好，今天的自己和昨天的自己比是不是进步了。

这样做的好处是，孩子会把注意力聚焦在提升自己上，从自我认识和自我意愿出发不断努力，而不是完全以别人为模板，轻易被他人的评价所左右，不会进行独立思考。

当然，要让孩子具备这样的心态，仅靠语言上的引导是远远不够的，还有一个重要的方法就是引导孩子不断地进行自我挑战。

出差回来时，女儿正在踢毽子，看见我回来了就兴奋地说道：“妈妈，你猜我能踢几个？”

“5个？”印象中，女儿最多只能踢到5个，为此她还一直非常沮丧，因为她的小伙伴们都能踢到10个以上。

“你帮我数着。”女儿带着点得意的神色说。

“1个，2个……9个，10个。”给女儿数完，我惊讶地张大了嘴巴，“宝贝，你居然能踢这么多了！”

吃过晚饭，我跟孩子爸爸聊起女儿踢毽子的事情，问他知道怎么回事吗。他神秘一笑：“这就是你的宝贝女儿不断挑战的结果。”接着从孩子爸爸的讲述中，我得知了事情原委。

一天，女儿又因为踢毽子不如人而气呼呼地回到了家里，把毽子一摔，说：“我再也不踢这玩意了，总是让我输。”

正好爸爸在家里看到了这一幕，对女儿说：“不对，你不是输给了别人。”

“那是输给了谁啊？别人都能踢那么多，而我只能踢5个。”女儿郁闷地说道。

“只能？你觉得自己只能踢5个，这就是输给了自己，还记得上次我们挑战10分钟背一首古诗吗？刚开始你也觉得自己办不到，后来如何？我觉得你今天就能踢到7个，不信我们就来试试。”爸爸说。

女儿先踢了几个，爸爸看出了问题，说：“毽子要扔得正一点，高一点，踢毽子的脚要注意往里勾。”在爸爸的指导下，女儿的姿势有了很大改进，踢起来也没那么吃力了。

不一会儿，爸爸又发现了一些问题，说：“踢毽子的脚不要那么用力，不然就会带动在地上的脚，身子晃动得过于厉害。”女儿照着爸爸的建议不断调整和练习，很快可以很稳定地踢到5个了。

“爸爸，爸爸，我能踢到6个了。”突然，女儿兴奋地喊道。这给她带来了很大的鼓励，“我要踢到7个。”女儿马上又要挑战。

随着慢慢练习，女儿逐渐掌握了要领，很快就踢到了7个，这已经完成了今天想要达到的目标，可是女儿仍旧意犹未尽，又接着踢了起来，然后就是8个、9个，紧接着就是10个。此时，女儿已经累得满头大汗了，但是却非常开心，她休息了一下，汗还没有消，马上又要挑战11个。当然，最后因为没了力气，就暂时中止了。

我明白，女儿能够突破自己，跟爸爸的引导有很大的关系。平常的时候，爸爸总是有意无意地会让女儿自己跟自己比，经常会找出一些事情让女儿挑战，像是什么一分钟能数多少个数、看谁扎马步蹲得低、能不能忍住一天不看电视等，有的事情甚至听起来特别不可理喻。

或许正是因为这样的体验，女儿才会越来越乐于尝试没做过的事情，越来越喜欢挑战自己，而当她在一件事情中一次次取得进步和成功，一次次能够超越原来的自己时，她的热情也就被更大地激发了出来。

让孩子把自己当作竞争对手，当他发现自己的进步时，发现自己比以前的自己更好时，就会变得更加自信，也会相信自己能做到更好。

只有这样赋能，孩子的内心才会充满热情和动力，去做自己真正喜欢的事情，并且在这个过程中变得更好。

第八章

父母用好“分寸感”，亲子关系更融洽

亲人之间的关系，最缺乏的就是边界感。因此说，界限是建立良好亲子关系的关键。

不要总说孩子该怎么样，而是要亲身示范

我近几天看《觉醒年代》，对陈独秀先生与他的两个儿子延年、乔年之间的相处很有感悟。

陈独秀先生作为新文化运动的领袖，在那个时代的中国是明星人物，也是政府通缉逮捕的对象。所谓顾大家舍小家，选择了为国家献身，自然就会忽略对家庭的照顾，他的大儿子、二儿子因此和他的关系十分紧张。

两个孩子从很小起，就很少见到父亲，每次见到也都是很短暂地相处，根本无法充分地体会到父爱的温暖，也很少得到过来自父亲的教育教导。他们曾不止一次地控诉陈独秀作为丈夫、作为父亲的不合格，心里恨极了他。

可就是这两个从没有得到过父亲正经教育的孩子，到最后却都成了像父亲一样勇敢而伟大的人。他们乐观向上，自信坚强，无私无畏，下定决心为中国寻求出路，为革命事业奉献终身，和父亲站在了统一战线。

他们虽然表面上觉得父亲对家庭不负责，与他心生嫌隙，实

际上对父亲的所作所为充满敬佩，深知父亲的难言之隐，进而把父亲好的一面作为自己的榜样，无奈的一面作为警醒。

归根结底，就是因为他们的父亲那光辉的人格和伟大的品格在无形中默默地熏陶着他们，即使没有面对面的教导，也能让他们受到深刻影响。

费曼先生在《智慧人生》中叮嘱父母们：“不要唠叨，不要啰唆，只要以身作则，不可朝令夕改，也不必三令五申，他们会潜移默化的。”

陈延年和陈乔年的成长也正是陈独秀潜移默化的结果，父亲良好的德行默默地感召着孩子，为他们形成了榜样，促使他们去学习和模仿。

所以，有时候不必过分管束，亲身示范，才是最好的家教。

2020年北京高考状元熊轩昂说的一段话，令人深思。

“我现在取得的成绩，很大程度上也是源于我的父母，并不是他们对我管教得有多严厉。我父母是外交官，怎么讲呢，他们从小就给我营造一种很好的家庭氛围，包括对我学习习惯、性格上的培养，这都是潜移默化的。因为我每一步的基础都打得比较牢靠，所以最后自然就水到渠成。”

有的父母可能会说，我不是伟人，也不能像高考状元的父母那样优秀，我就是一个普普通通的人，那怎么才能给孩子好的示范呢？

这就要求我们必须认清并接受一个事实：如果我们本身不是那

么优秀，就不要对孩子抱有太大期待。

很多父母的想法都是，我自己就这样了，我希望我的孩子不这样。这样的想法里既包含了父母对孩子的殷殷期待，也有父母对现实生活的无奈妥协，这是可以理解的，没有父母不希望孩子比自己过得更好。

但是，关键是采取了什么样的方式让孩子“不这样”。

我想，绝大多数都是以单方面的灌输为主，把自己的失败经验当作教训，一遍遍重复给孩子听，让他不要重蹈覆辙；将自己总结出来的成功方法倾囊相授，希望孩子按照自己规划的方向走。

如果家长讲道理孩子不听，那就发脾气，命令他去听。家长希望孩子不这样，可孩子希望自己是什么样呢？如果不顾及孩子的意愿，一味按照自己的想法去说教，孩子必定会感到被逼迫，自然就会产生逆反心理。到最后就会演变成，你越是让他怎么样，他偏偏不怎么样。

这样的教育无疑是失败的。如果你的人生已经一塌糊涂，又怎么给孩子好的建议？换言之，你的认知已经是这样的水平，就算孩子真的按照你说的去做，他的人生也不会怎么样。

所以，真正觉醒的父母，不会忽略自身的平凡而给孩子设定不切实际的要求，也不会把生活重心全放在如何教孩子怎么去做上，而是选择勤勉地自我奋斗或者仅仅是规范自我的行为，然后用平和的态度去面对孩子的表现，尽自己最大的能力给孩子最好的示范。

要育儿，先育己。要孩子懂道理，家长首先要做得有道理。

如果不想让孩子沉迷手机、网络，那么父母回到家里，就不要让自己的手和眼“长”在手机上，而不是一边自己刷着视频，

一边怒斥孩子不要玩游戏。

如果想要孩子爱干净爱整洁，爸爸妈妈就要不邋遢，养成“物归原位”的习惯，而不是自己随便乱放却责怪孩子不懂整理。

如果想要孩子好脾气，自己就要先做到温和平静。

培养孩子热爱阅读的最好办法，就是自己经常捧起一本书去读，当孩子看到了父母对于阅读的坚持和热爱时，他也会在无形中受到影响，不知不觉地看起书来。

做得有道理比说得有道理重要得多，用行动去践行道理，要比空讲管用得多。

对此，我的一个同事深有感触。他是一个三岁孩子的爸爸，他说自己在教育孩子时，有时候总被孩子的反问噎住。比如，有一次他让孩子少看会儿手机，没想到孩子却顶嘴说：“爸爸，为什么你能看那么长时间，我不能？”这让他不知道如何回答，用大人的身份去压他？找借口说是忙工作？他想了想，就算这样能搪塞过去，又有什么意义呢？本质上自己就是在玩手机啊，这样说或许还会让孩子也学会找借口。

看吧，父母在干什么，孩子其实门清，就算年龄很小，他们也都清楚地知道。作为和孩子朝夕相处的人，父母的示范真的很重要。

有人说，教育孩子“讲道理”是下策，发脾气是下下策，那么上策是什么？就是示范。

在教育孩子时，父母常常会因为孩子不听劝而感到愤怒和无力，觉得自己已经说得非常明朗了，可孩子就是不当回事儿。这并不是因为孩子在故意和你作对，而是他没有办法跟你感同身受。那些你深以为然的道理，是从你个人的经历、你的学习、你受到的影响中逐渐得来的，可是孩子却并没有和你相同的历程，因此也就很难听进去。

所以，有些事情，是不适合单方面灌输的。而现在有太多的父母把空讲道理就当作是科学的教育，这完全是误区。

当然，这也并不是要求我们完全不去给孩子讲道理，不去用说教的方式，毕竟有的既成事实，如糟糕的婚姻、不好的工作，我们没有办法给孩子做好的示范，我们能做的就是要将“言传”和“身教”结合起来。

既告诉他们道理，也用行动来证明自己说的是对的。特别是在一些品行和习惯养成方面，这是我们最能把握，也是最容易对孩子产生影响的。我们所说的“示范”并不是一定要让你做成什么轰轰烈烈的大事，也不是必须做到完美无瑕、不能失败，而是你在这一过程中展现出来的品质和精神。

诺贝尔文学奖获得者莫言在回忆母亲时，就曾写道：“她使我获得了一种安全感和对于未来的希望。”

母亲没有读过书，不认识文字，她一生中遭受的苦难，真是难以尽述。生活留给我最初的记忆是母亲坐在一棵白花盛开的梨树下，用一根紫红色的洗衣棒槌，在一块白色的石头上捶打野菜的情景。绿色的汁液流到地上，溅到母亲的胸前，空气中弥漫着野菜汁液苦涩的气味……这个记忆的画面更让我难忘的是，愁容满面的母亲，在辛苦地劳作时，嘴里竟然哼着一支小曲！

莫言母亲不是伟人，也绝非成功人士，就是一个简简单单普普通通的农村妇女，但从她的身上，莫言获得了很多，那是在困境中依然积极向上的态度，是面对苦难时依旧坚韧的内心。

事实上，不只莫言，很多名人在回忆自己的经历时都会感慨他们那平凡的母亲对于自己的激励作用，并不是她们懂得多少教育理念，也不是多么会讲道理，更多的是来自性格、精神上的无声的感召。

并不是只有足够优秀和伟大才能做好示范，每个人都可以有自己的闪光点，很多不起眼的小事也都蕴含着大道理，如果能想到这些并利用好，那么普通的我们、普通的生活也依然可以为孩子做好示范，带给孩子好的影响。

父母应该发现自己的优点，有意识地去改正那些不好的习惯，用切实的行动给孩子做好榜样，再配合说教来引导他们，在这一过程中，我们自己也会变得越来越好。可以说，“示范”就是一个促使亲子双方都变好的教育方式。

刺猬法则：建立恰当的亲子边界

刺猬法则是心理学领域的术语，讲述的是一个非常有趣的现象。

寒冷的冬季，两只刺猬因为寒冷想要抱在一起取暖，但是由于它们各自身上长满了刺，紧挨在一起就会刺痛对方，怎么抱都不舒服。两只刺猬只好分开，可实在冷得难受，不由自主地又抱在了一起。这样折腾了很久，它们终于找到了一个比较合适的距离，这个距离既不至于刺痛对方，又能抵御寒冷。

这种“刺猬间的安全距离”，多被应用于人际交往实践中，也就是人际交往过程中的“心理距离效应”。

人与人之间，并不是越亲密越好。每个人的周围都有属于自己的“私人领域”，当这个“领域”被他人触犯时，便会觉得不舒服、不安全，甚至开始恼怒。

很多亲密关系中的矛盾和争吵，都可以以此来解释，比如，亲子之间，很多矛盾就是因此而起。

这世界上，在看待与孩子关系方面，可以把父母分为三个类型。

第一类父母觉得我和孩子是两个分立的个体；第二类父母与第一类父母恰恰相反，他们觉得自己和孩子是不可分割的，孩子的一切都是属于自己的；第三类父母介于第一类和第二类之间，觉得孩子的一部分是自己的，必须在这些方面为他负责。

第一类父母是，你说我不喜欢吃西红柿，他就停下来，不再给你夹菜；他让你加件衣服，你说我不冷，他便淡淡地回应“好”，然后把衣服放进柜子里。

第二类父母是，你说我不喜欢吃西红柿，他就狂轰滥炸，说西红柿如何如何有营养，然后强迫你吃掉它；他给你加衣服，你说我不冷，他回答“小孩子知道什么”，然后不由分说给你套上。

第三类父母，有时候会给你足够的自由，有时候也会强迫你做一些事情，但他们的强迫长久来看是有着充足的令人信服的理由的。

如果你是第一类和第三类父母，那么你的孩子是幸运的，也一定会在当下和未来生活幸福。然而，现实中多数父母其实更偏向于第二类，即使他们表现出来的没有那么强势，脑子里对待孩子的真实想法也是“我不要你觉得，我只要我觉得”。

本质上，他们就是没有把孩子当成一个独立的“人”来看待，在亲子关系中以自我为中心，只看见自己的意志，无视或故意忽略孩子的意志，他们期望孩子完全按照自己的意愿行事，当孩子有所反抗时，他们就会使用各种方式，包括人格侮辱、亲情绑架，甚至直接强迫，来达到目的。

我就曾遇到过一件这样的事情，一位高中生，高考时成绩很不错，完全可以选择一个自己喜欢的学校和专业就读，可是他的爸爸对医学专业相当执拗，命令他必须填报医学院校和医学专业。这个孩子有自己喜欢的方向，对医学一点也不感兴趣，面对爸爸这样强势，他就找来了几个叔叔阿姨，一起来劝，但是他的爸爸可不管这些，谁的话都不听，还威胁说“不按我说的，你就别认我这个爸”，最后当着孩子的面，直接把志愿给改了。结果那年，医学院分数突然拔高，这个孩子就落榜了，征集志愿时去了个三本院校。从此之后，这个孩子就一直郁郁寡欢，甚至有些自暴自弃，和父母的关系也一度恶化。

做第二类父母的孩子，是一件很不幸的事情。身在这样的关系中，孩子是非常难受的，仿佛自己是个不存在的人，他们有更高的概率患上心理疾病，也会对亲密关系充满畏惧，每天在父母的意愿和自我的意志中苦苦挣扎，直到最后与父母反目。

其实，相比于普通的交往，亲密关系（伴侣、亲子）更应该注意“距离”的重要性。对于那些不用朝夕相处的人，我们彼此之间的距离感是自然形成的，并不用刻意去维护，而像夫妻、父子、母子，这样情感上关联密切又长时间生活在一起的关系，一不留意就会打破界限，届时摩擦碰撞就接踵而至了。

亲人之间的关系，最缺乏的就是边界感。每个人都应该设定一个能够自己把握的安全距离，为自己划出一定的领域，并且有意识控制自己不去侵犯对方同样的领域，这样才能保证关系的长久性和舒适性。如果一个人没有这样的意识，那么他将让自己和交往的对方都陷入痛苦中，很难拥有顺畅的人际关系。就算是恋人、亲子之间，也是一样的。

而在亲子相处中，由于孩子各方面发展不够完善，父母对于彼此距离的把握就变得尤为重要。

首先，父母要接受和孩子必须“分离”的事实。

记得去年过年时，跟朋友一起聊天说到回不回家，有几个人都明确表示不回，回去肯定吵架。

“你的生活，你的规划他们都不懂，还非要指手画脚，他们做的一些事情你也劝不住，一言不合就吵起来。”

这一点，我们几个人都非常认同，到最后一个朋友颇为无奈地感慨道：“感觉小时候和父母挺亲的，为什么成年之后，就越行越远了呢？”

其实，根本原因就是“没有很好地完成分离”，或者说，父母本身没有很好的界限感，使得亲子关系也缺乏“度”。导致的结果就是孩子的一些本该发展完善的能力，包括情绪处理、责任感、勇气等没有很好地具备，还要承受来自父母的期待和焦虑。

而父母不能客观看待随着孩子年龄增长，亲子关系发生的很多变化，因为害怕孩子远离自己，而选择更加过分地干预孩子的生活，来维持自己的成就感和权威。这样的亲子关系只会越来越畸形，越来越僵化。

分离，可以让孩子获得更多的锻炼机会，让父母的情感有更多的着力点，双方就会形成一种“关心但不控制”的和谐状态。

因此说，界限是建立良好亲子关系的关键。

时至今日，很多父母是有“界限感”这种意识的，但是在真实的亲子相处过程中，因为各种因素的干扰导致往往很难做到。这一点可以理解，父母们也不必强求马上和孩子建立边界，不过可以先从一些重要方面入手，逐步进行调整。

很重要的一点，孩子的“地盘”不可侵犯，这个“地盘”既包括孩子独立的生活空间，更包含孩子的一切隐私。

不管是哪种人际关系，隐私方面绝对是一个很大的雷区。相对于学习、衣食方面的干涉，孩子对干涉隐私的行为容忍度更小。

有个女孩聊到跟父母的相处时，居然说，有时候感受到的痛苦让她特别想一刀捅死他们，然后再捅死自己。

关于这个“有时候”，她说了两件事。

一件事是她小学时候写日记，发现父母偷看自己的日记本，她跟父母说了好几次不要再偷看自己的日记，甚至还把抽屉上了锁，可父母还是偷看。直到有一次，她实在忍无可忍，彻底爆发，当着父母的面撕烂了日记本，摔坏了抽屉，父母才保证说以后再也不看了。可是，从那之后，她也不再写日记了。

第二件事，是发生在她高中的时候，她高中住校，周末才会回家，父母就经常把她的卧室当成杂物间，放一些乱七八糟的东西。她知道后，就告诉父母不要再这样做了，家里又不是没有别的地方。父母每次都说好，可放假回到家，东西依然堆满了她的卧室。上了大学后，情况依然如此，她为此哭闹过一次，父母却骂她“神经病，小题大做”，从那之后，她再也没有提过，但也从心里断绝了与父母的关系。

根据儿童成长发育的状况，孩子在4岁左右时就应该和父母分开睡，拥有属于自己的房间。对于他这个私人空间里的一切，父母要尽可能地不去干涉，可以提建议、做询问，和孩子一起装扮整理，但不要随意使用和更改。下面再给父母们几点建议：

第一点，关于隐私，主要是日记、书信、聊天记录等，家长不要私自翻看，如果你担心孩子结交到不好的人，最好的办法是引导他自己说出来。

第二点，教育孩子不要使用侮辱性的语言。有些家长会觉得，我和自己的孩子说话，怎么样都行，又不是别人，说得重些也无所谓，只要他能听。

我们跟家里人讲话是比外人要随意些，但随意不意味着可以为所欲为，语言暴力是亲子关系中孩子最容易受到的伤害，尤其是侮辱性的话，对孩子的负面影响是极为深远的，父母可能过了一段时间就会忘记，但孩子却会一直记着。所以，教育孩子时要尽量避免使用侮辱性语言。

第三点，遵循建立孩子心理边界的三个原则。

（1）尊重孩子的情绪和感受，允许孩子表达情绪。

（2）允许孩子有自己的选择，当孩子的选择和父母的有所冲突时，可以给出 AB 选项来弱化冲突。

（3）当孩子有强烈的意愿时，允许他照此行事，但让孩子为自己的行为负责任。

以上内容主要偏向于情感思想方面，可以归纳为心理界限，除此之外，异性亲子之间还要特别注意身体界限。

一般情况下，孩子三四岁之后，就已经有了初步的、模糊的性别意识，此后不断增强，慢慢就会知道男女身体结构的不同以及一些生理卫生知识。

从这时候开始，父母在与异性子女相处时，就需要注意回避和掌握分寸，比如不能一起洗澡或进卫生间，不能在子女面前穿内衣、脱内衣，避免亲吻和身体上的其他亲密接触。如果这种身体界限不能及时形成，就会导致女孩将来在性方面的独立意识和自我保护意识的不足，男孩在性格方面可能会有所偏失。这不仅关系着孩子健全的人格养成，更关系着孩子今后正常的社交、婚恋和家庭生活。

父母和孩子之间可以亲密，但不能“无间”，保持适当的距离，是亲子关系长久、和谐的基础。

父母懂分寸，孩子有规矩

我曾看到一则让人感到不可思议的新闻：

上课期间，有个学生突然因为椅子倒地而摔到了地上，老师走下讲台，拉这个学生的胳膊想把他拉起来，可就在老师触碰到她的那一刻，令人意外的一幕发生了。学生顺手拿起地上的雨伞就朝着老师的头部猛打，刹那间，老师的头上就浸出了血。

后来，这个孩子的父亲到了学校，了解完情况，居然说老师被孩子打，是因为离孩子太近了，让孩子感到了不舒服。言外之意，自家孩子这样做并没有什么不妥，是老师自己的问题。

看到前半段时，我还疑惑孩子为什么要这么做？即使是有明确的性别意识，也不至于这样攻击一个熟悉的人吧。看到后面父亲的说辞，我的疑惑就被解开了：如此没有分寸感的家长，又怎么会教育孩子把握好为人处世的尺度呢？

与人相处，分寸感很重要。

生活中我们免不了要跟各种各样的人打交道，比如老师、客户、同事……不管是什么样的关系，一旦失了分寸就会在无意间拉远彼此的距离，给自己带来不好的影响，也会带给他人伤害。

作为父母，有分寸感就更加重要了，这不仅关系着自己的人际关系，更关系着孩子将来为人处世的原则和融入社会的顺畅程度。

我们成人社会的分寸感就是知道对什么人该说什么样的话，知道在什么场合该做出什么样的举动，在与人相处时能把握好距离和尺度，能分清事情的轻重主次并以此做出合理的反应。那从家庭亲子关系这个角度，家长们又该注意哪些分寸感呢？

第一，是语言上的分寸感，注意开玩笑要适度，用词用语要恰当。

周末，晴晴的妈妈约了几个姐妹到家里玩，其间，她们聊到了她们的一个同学，也是现在晴晴家的邻居——李阿姨。

一提到李阿姨，晴晴妈妈就来了兴致，激动地跟姐妹们分享："现在这位李同学就住我们单元，我还老碰到她，你们可不知道，她现在可胖了，以前那多清瘦啊。她儿子也胖得跟个小猪仔似的，可壮实了。"

说完，大家都哈哈大笑起来。大人们是一乐就过去了，可这些话却被一旁玩的晴晴偷偷记在了心里。

一天，晴晴去小区花园玩时正好碰到了李阿姨的儿子，晴晴上去就说人家长得像猪一样。小男孩一听别人骂自己就哭了起来，闻声，不远处的晴晴妈妈和李阿姨都赶了过来，问清了事情原委后，晴晴妈妈就批评了晴晴，可晴晴却说道："凭什么妈妈能这么说别人，我就不能说呢？”

闻言，李阿姨脸色更难看了，晴晴妈妈恨不得找个地缝钻进去。

邻居、父母的朋友虽然没有和孩子生活在一起，但是也会经常和孩子接触，父母和他们之间的言行常常会被孩子看到，进而被模仿。所以父母和朋友、邻居聊天时，尤其是在孩子的面前，不要开过分的玩笑，不要肆无忌惮地调侃别人，更不要使用带有侮辱性的语言去评价别人。

网络上曾流行一句话，“戳到痛处的玩笑，从来就不是玩笑”。如果孩子不懂得这种分寸感，将来跟别人交往时也会处处碰壁。

父母和孩子之间，因为过于熟悉和亲密，在言语交流上不用顾忌太多，但是也需要注意很多问题。比如，不能太过急躁，不能太过直白，有些涉及隐私的问题也要懂得换个委婉的方式进行表述等。熟悉不是“随意”的借口，有时候让我们受到最大伤害的正是身边最亲近的人，而这很大程度上就是因为分寸感教育的缺失。

除此之外，父母们还需要注意以下三点。

1.不过度倾诉，尤其是负面情绪

倾诉负面情绪就像是在倒垃圾，你是痛快了，倾听的人会非常累，因为他不仅需要消化来自你的负能量，还需要跟你共情，给予你积极的反馈和有价值的意见，这是一个非常耗神的过程。

我之前就有个朋友，特别爱抱怨，遇到一点不顺心的事都能抱怨半天。有一段时间，她几乎每天都会跟我抱怨，一次两次还好，次数多了就让我非常心烦，自己也变得负能量爆棚。后来我实在受不了，就跟她明说了，慢慢地我们也就不再联系了。

如果你是一个特别喜欢跟朋友、家人倾诉负面情绪的人，从现在起就要有所收敛，当然面对别人同样的情绪，也要学会适量接收和果断拒绝，这也是一种分寸感。

2.可以分享，但不要强行“安利”

生活中我们经常会碰到这样的人，如果他非常喜欢一个东西，就会一个劲儿地给你推荐，非得让你也喜欢上他才罢休，这也是缺乏分寸感的表现。

父母要注意，如果你是素食主义者，可以适当分享给孩子你的饭菜，但不要让孩子也跟你一样；如果你觉得某种风格的衣服很好看，你可以发给孩子让他说说自己的感受，但不要强迫他穿上。

这种强行的做法，其内在的逻辑是：“我是为你好，所以才把我认为好的东西分享给你的。”不否认“分享者”的好意，但他却忽略了一个本质的问题：别人真的需要吗？这很容易引起对方的反感。

3.既不探问隐私，也不轻易自我暴露

“你父母是做什么的呀？”

“打算什么时候结婚啊？”

“你一个月赚多少钱啊？告诉我嘛，我又不是外人。”

这些涉及隐私的问题，都属于没有分寸的问题。不管是熟悉还是不熟悉的，问别人这样的问题都会让对方感到不舒服。除非对方觉得你们的关系已经足够好，好到他会主动分享给你，否则不要去打探。

相对应的，自己的隐私信息也不要随便透露给别人，尤其是不熟悉的或者陌生人。现在网络社交软件极多，孩子们很容易跟陌生人产生联系，让他们懂得自我保护是非常重要的。

以上三点，父母既要反思自己的情况，要以身作则，也要通过说教的方式传达给孩子。

第二，是行为上不能逾矩，注意按照规矩行事，特别要注意和他人的肢体距离。

生活中，最常见的逾矩行为就是闯红灯。我们经常看到妈妈或爸爸拉着孩子，急匆匆地闯红灯，可能是害怕上学迟到或是其他原因，但是带着孩子闯红灯这种行为必须禁止。

当然，并不是所有的事情都要按部就班来做，但是涉及社会秩序、公共道德方面的，就一定要给孩子做好榜样。

另外，行为上的分寸感也体现在和他人的肢体距离上。父母和异性朋友就算再熟悉也要避免亲密举动，特别是当着孩子，更应保持正常社交距离。

同时父母也要教育孩子如何处理异性关系，和异性交往时如何把握分寸。

例如，要加强孩子对自己性别的认识。可以通过如厕的姿势、衣服的款式等，逐渐对孩子进行一些适当的性教育。当孩子有了喜欢的人时，不要一味反对，而要告诉他怎样正确地和喜欢的异性相处，如何正确地表达自己的情感。

第三，是在处理事情上的分寸感。

与人相处，有些事情，千万不能妥协。

记得《家有儿女》有一集是刘梅家隔壁搬来了一个新邻居，经常到他们家来借东西，从梯子、剃须刀到手电筒，通通借了个遍，并且一件也不还。可刘梅和丈夫夏东海不懂得拒绝别人，只能不断地妥协，最终把自己家搞得一团糟糕。

《觉醒年代》里有一句台词："宽容和厚道是我们从小的习养，但是宽容和厚道，它不是没有限度的呀。"善良是我们应有的品性，但有时候也需要带些棱角。当我们的生活被某件事情严重影响时，一定要学会坚定地说"不"。对于孩子，有些事情，也千万不能纵容。

孩子天性爱玩，又缺少自制力，淘气是正常的，孩子的淘气不是问题，也无须改正，但家长要分清楚淘气和犯错的区别，有的事情一次两次是淘气，次数再多那就是犯错。

乱翻别人东西、做错了事情不承认、顺手牵羊、推卸责任、说谎，这些行为如果发生在孩子身上，父母就要格外重视起来了，千万不能纵容。因为这些都是孩子容易出现的问题，并且一开始看起来好像并不是什么大事，但是如果任由发展下去，就可能成为造成严重不良后果的“大事”。

每一个不懂规矩的孩子背后，都站着一个不懂分寸、没有底线的父母，但父母没有底线，不代表社会没有底线，要想让孩子长大后在社会上站稳脚跟，好好生活，父母就一定要先懂得分寸。

多爱自己一点，也许才能给孩子更多

有位全职妈妈曾跟我说："好像有了孩子之后，生活突然变得一团糟。"我很想对她说：让生活变得一团糟的不是孩子，而是你把自己弄丢了。

记得几年前，一家银行的视频广告高度还原了中国式的父母之爱：

一个刚到美国留学的男孩，邀请了来自不同国家的朋友到家里聚餐，大家都带来了自己国家的美食。

男孩为了在朋友面前展示一道地道的中国菜，就向国内的母亲求教番茄炒鸡蛋的做法。电话打通了，妈妈非常仔细地跟他说该怎么做怎么做，可对厨房生疏的男孩手忙脚乱，根本不知道怎么去做。眼看着朋友们就快到了，男孩急得团团转，就在这时，挂断了电话的母亲发来了一段清晰的番茄炒蛋视频。

跟着视频，男孩顺利做好了菜，赢得了朋友的赞赏。聊天期间，有个朋友提到了中国和美国的时差，男孩这才反应过来中国此时已经是凌晨。

画面切转，中国北京时间凌晨四点，男孩妈妈从睡梦中被铃声惊醒，接到了男孩的电话，在语音教学无果后，又马上起身到厨房亲自操作，爸爸在一旁负责拍摄。

随着男孩父母忙碌的身影，屏幕上缓缓地出现了这次广告的宣传语："想留你在身边，更想你拥有全世界，你的世界，大于全世界。"

这样的场景，让人不禁泪目，中国式的父母之爱就是如此伟大，不论何时何地，只要孩子需要，父母就会马上出现。

可是，感动过后，认真地想一想，这件事情合理吗？一个已经成年的孩子半夜三更打来电话问西红柿炒鸡蛋怎么做，父母就二话不说起床来示范，这样的父母之爱真的应该被鼓励吗？

今年高考过后，还有一个话题冲上了网络热搜：高考选专业时被父母干涉怎么办？

大多数回答里都是感同身受的人，很多人说听了父母的选择很后悔。这说明什么？父母的选择不一定就是对的，孩子自己的决定也不一定就是错的，孩子只有自己经历后才知道自己最适合的选择是什么。换句话说，父母只需建议，孩子的人生应该由他们自己选择和负责。因为就算他们按照你说的去做了，结果也不一定就是好的，所以为什么一定要去费那份心呢？

可是，现实中却有太多的父母是这么做的，对于孩子的事情，小到吃饭大到人生抉择，事无巨细，父母都要把关，所以有人说，中国父母，大概是世界上最辛苦最劳累的一批人。

什么都想管，什么都放不下，总觉得孩子离开了自己没法生活，总觉得所有的事情必须在自己的掌控下才能顺利进行——你不累谁累？

爸爸妈妈们请停下追着孩子的脚步，停下来多看看自己吧！你们不是超人，你们应该有自己的生活，你们要学会爱自己更多些。

父母常把爱孩子、为孩子付出作为人生的重心，作为成就感的来源，而忽略了自己人生的主体其实是自己。我们的天性，原本都是优先满足自己再回应别人的，一旦弄反了，就会产生原发性的痛苦。

那些把大多数精力放在孩子身上的父母，很容易感到不快乐不幸福，因为他们把快乐的筹码全都放在了孩子身上，而忽略了自己的基本需求。

有的父母或许会有疑惑：只知道爱自己，不管孩子，那不是自私的表现吗？

爱自己，并不意味着不去爱孩子，而是要随着孩子的长大，渐渐把更多的注意力放在自己身上，把自己的生活当成重点。这样的做法不仅不是自私，反而对于孩子的成长有莫大的好处。

在心理学家武志红老师的《为何家会伤人》一书中，有这样一段话：

> 若一位妈妈想让你的孩子心理健康，在他婴幼儿时，多和他互动。看到他，并带着喜悦，是至关重要的。

父母的情绪对孩子的影响不言而喻，面对孩子时保持良好舒畅的心情很重要，这一点父母都清楚，但却很难做到。大多数父母都是辛苦操劳了一天，对孩子也是二十四小时待命，一点也不敢懈怠，可孩子还是各种问题，父母感觉很失望，感觉很气愤，发脾气就不可避免了。

这看起来好像是孩子惹得父母气急败坏，实际上，是父母没有处理好自己的情绪，换言之，父母不懂得或者压根没想怎样去调节以使自己不受到那么多的伤害。

如果父母本身状态不好，就很难在孩子面前保持好心情、好脾气。但父母一定要明白，重要的不是“一直在教”，而是用什么状态什么方法在教，好的状态，对的方法，即使在很短的时间内也能看到好的效果。父母如何保持一个好的精神状态就变得非常重要了。

有一位妈妈分享了自己在生病住院期间，姥姥带孩子的事例：

去年我因胃病住院，就把两个娃留给我爸妈来管。和我不同，每顿吃饭，我妈都是自己先吃，再开始喂孩子：孩子一会儿这个不吃，一会儿嘴里一口菜要嚼半天，一会儿吃着吃着就下地去玩了，一会儿吵着要边喝酸奶边吃饭……

我妈常跟我说：“要是等喂完孩子再吃饭，岂不是饭菜都凉了，能对得起我们的中国胃吗？你这胃病不就是这么落下的吗？咱们先吃好，才能更好地管孩子呀！”

很多妈妈都是，一到吃饭时总是先紧着孩子来，自己不吃或者胡乱扒拉两口就开始追着孩子喂，到最后孩子吃完了，饭菜也都凉了，自己再随便吃点填饱肚子。这就很可能导致自己的身体出现问题，如果自己病倒了，那不更耽误了照顾孩子？从这个角度来说，照顾好自己是为了更好地照顾好孩子，爱自己也是为了更好地去爱孩子。

照顾好自己的身体，调节好自己的情绪，给孩子一个健康快乐的父母，孩子才能受益匪浅。心理学家荣格就曾说过：父母对孩子的最不好的影响，莫过于让孩子觉得他们的父母没有好好过日子。

只有健康快乐的父母才能用更积极的心态对待孩子，只有自己心里装满爱的人才能更敏锐地察觉到孩子们的真实需求。一个爱自己的爸爸或妈妈必定会让自己生活得有条理、有快乐，这样的爸爸或妈妈才会更有精力和心思去爱孩子，照顾好孩子。

心理学家洪兰也曾说："一个连自己都不爱的妈妈，一个身心疲惫的妈妈，一个完全失去自我的妈妈，又能给孩子多少爱呢？"

和谐温馨的亲子关系都是相似的，其中有一个容易让人忽略的共同点，那就是父母懂得如何做自己，如何爱自己。

要做到这一点，最关键的就是要有自我的意识，要有自己的生活。

在和孩子相处时，要时刻记得"我是我，然后才是一个爸爸或妈妈"。当你感到愤怒的时候，当你感到无力的时候，当你惊慌失措的时候，请深呼吸使自己平静下来，在心里告诉自己，"我已经做得很好了，我也是一个人，我不需要对自己太苛刻，我需要对自己慈悲一点，宽容一点"。

我建议父母们保留自己或者找到自己的喜好。电视剧里、生活里，常会有这样的场景，有了孩子的男女，喜欢弹琴的会把钢琴放起来，喜欢刺绣的把绣品束之高阁，喜欢长发的不得已剪短，喜欢画画的也收起了画板，好像有了孩子，父母就不该有个性的喜好，有了孩子就该一切围着孩子打转。

当我们初为父母时，会惊慌失措，的确没有太多的时间去坚持自己的喜好，但是就算只有一个念头也要保留下去，然后等孩子稍大些再坚持去做，如果没有，那就为自己寻找一个。

只有热衷于投入自己爱好的父母，才能成为孩子最好的生活榜样；只有活出自己的父母，才能养育出勇于活出自己的孩子。

另外，很多事情不一定非要孩子优先。就像上文中孩子半夜打电话救助、喂孩子吃饭一样，孩子的面子、温饱重要，但父母的休息、身体就不重要了吗？父母完全可以告诉孩子让他自己到网上搜索炒菜的视频或者直接跟他说父母需要休息，你已经成年，这点小事应该自己去解决。

此外，维护健康亲密的夫妻关系也很重要。很多家庭都是一有了孩子，夫妻双方就会忽略对彼此的关注，从而导致夫妻关系出现问题。亲密和谐的夫妻关系不仅是家庭温暖的基调，还是父母保持愉悦心情的关键，更是孩子健康发展的良好保障。

最后，我还有一些日常幸福小秘诀分享给父母们。

（1）保证充足的睡眠，不要老熬夜。

睡眠不足对身体危害很大，早睡早起，才能有满满的能量，如果总是熬夜赖床，身体就会产生一种消耗感，长此以往，整个人就会精神不振，做什么都提不起劲头，身体免疫力也会下降，更容易生病。

（2）坚持运动，经常晒太阳。

干净舒适的环境和健康有活力的身体会让人心情愉悦，如果没有条件去健身房，那就走走路、打打球、踢踢毽子。天气好的时候，可以去郊外、树林里转一转，或者在阳光充足的地方坐一会儿，这些都有益于身体健康和心情舒畅。

（3）为情绪设定一个固定的宣泄口。

个人的想法、不高兴的事情、难以做出的决定，这些都需要表达出来，否则就会积压成怨气、愤怒、悲伤。不一定非得找一个人来听，可以写写随笔、日记，可以发送匿名邮件、匿名动态，总之，要为情绪找一个随时随地可以宣泄的突破口。

（4）多微笑，用小快乐来提醒自己。

幸福或者说保持积极情绪的最佳方式之一是欣赏人性美好的部分，它有两个途径，一是感恩，二是传递。传播自己的快乐，慷慨帮助他人，存有感恩之心。当你的周围充斥的都是美好的时候，你的心情自然也会愉悦起来，尽管当下可能没有效果，但当你欣赏时，这美好的部分就会增值，而你也终将能从中获得，所以当心情低落的时候你可以尝试多些善举或者写下自己感激的事情。

（5）多见识和学习新的东西。

可以学一学新菜、试一下长跑、尝一尝新的茶叶……每一个新的尝试都是一种新的体验，会带给你不一样的感觉，让你知道这世界上好玩的东西还有很多，不要只局限于眼下的不愉快中。